구약성경은 시대의 산물이다. 구약성경을 쓴 사람들은 고대 근동 세계에서 문화적으로나, 정치적으로나, 또 경제적으로나 가장 영향력이 없는 사람들이었다. 그들은 이미 오래도록 번성하고 있었던 이집트와 메소포타미아 문명권은 물론이고 인근에 위치하고 있었던 우가리트나 페니키아 지역의 영향도 진하게 받았다. 그렇기 때문에 구약성경에서는 타문화권의 영향을 받은 흔적을 쉽게 찾아볼 수 있다.

한편 구약성경의 저자들은 여태까지 근동 지역 전체에서 단 한 번도 나타나지 않았던 혁신적인 시도를 보여주기도 했다. 바로 탈신화화(Entmythologisierung)의 모습이다. 요컨대 다른 문화권에서는 신으로 여겨지던 여러 대상과 현상들이 구약성경 속에서는 신격화되지 않고 유일한 신에게 종속된 대상으로서만 다뤄진다. 그들은 근동의 문화적 기득권에서 벗어나고자 하는 의지를 자신들의 경전 속에 투영하려고 했던 것 같다.

물론 이것은 비신앙인의 판단이다. 어쩌면 신앙인분들께는 다소 실례가 되는 이해일 수도 있다. 그럼에도 불구하고 구약성경이 갖고 있는 이러한 역사성과 특수성은 비신앙인들도 구약성서를 읽어야 할 충분한 이유가 된다. 하지만 비신앙인이 구약성경을 읽는 것은 아무래도 쉽지만은 않다. 신앙이라는 실천과 종교라는 제도는 종종 배타성을 띠게 마련이고, 그 과정에서 신앙의 영역 바깥에서 오해와 편견이 만들어지기도 하기 때문이다. 그 어려움을 극복하게 해주는 유용한 안내서가 바로 여기에 있다. 제목에서도 드러나듯이 『여친 땜에 구약성경 읽는다』는 비신앙인들에게도 아주 친숙한 가벼운 필체로 쓰였다. 하지만 그 내용은 구약성경이 갖고 있는 두터운 역사적, 문화적, 신앙적 층위를 충분히 자세하게 설명하고 있다. 설령 신앙인이 아니더라도 『여친 땜에 구역성경 읽는다』와 함께라면, 어렵지 않게 구약성경의 세계로 진지한 여행을 떠나보실 수 있을 것이라 확신한다.

곽민수 | 이집트 고고학자, 한국이집트학연구소장

이건 그냥 흥미진진하고 재미있는 청소년 성경 만화가 아니다. 『여친 땜에 구약성경 읽는다』 시리즈 첫 번째 책이기에 구약의 첫 책 창세기에만 한정했지만, 기상천외한 발상을 만화로 엮어 심오한 구약 변증을 이끌어낸 신학 만화책이라 평가하고 싶다. 책 안에는 마법학교에 다니는 봉규, 별, 달이, 퉤퉤가 한 팀, 숙희, 브루스, 변증 요정이 다른 한 팀이 되어 구약의 허구성과 폭력성, 야훼 신앙과 고대 근동 신화의 연관성에 관해 신나면서도 박 터지게 치열한 논리적 설전을 벌인다. 이 만화책의 저자 김민석은 구약성경의 기록 이유가 이스라엘의 트라우마 극복을 위해 기록되었음을 강조하면서, 바빌로니아에 강제 이주한 유대인들이 혼란과 혼돈 속에서 민족적 정체성을 잃지 않으려고 기록을 남기는 과정에서 창세기의 이야기들을 되짚어보고 해석했다고 주장한다. 달리 말해 "구약성경은 고대 근동의 인싸 문화에 대한 아싸들의 비평이다!"라고 재치 있고 명쾌하게 핵심 주장을 펼친다. C. S. 루이스의 "스크루테이프의 편지"만큼 흥미진진한 내용에다가, J. K. 롤링의 "해리 포터"에 나오는 호그와트 마법학교보다 더 기이한 배경으로 반전에 반전을 더한다. 탁월한 구약성서 변증서다. 오랜만에 많은 생각을 하며 읽고 본 재미있는 만화 신학책이다. 김영화의 그림 역시 시각적으로 젊은 세대에게 친근한 느낌을 준다. 목회자들과 신학생들뿐만 아니라 신학적 입장에 상관없이 성경을 진지하게 읽고자 하는 일반 교인들에게 일독을 권한다.

류호준 | 백석대학교 신학대학원 은퇴 교수

이 책은 구약성경의 형성, 창세기 이야기와 더불어 고대 근동의 세계를 한눈에 살펴볼 수 있는 흥미진진한 탐험 과정을 담았다. 원고를 받기 전에 구약성경 형성 과정이라는 복잡한 내용과 좀처럼 이해하기 어려운 창세기와 고대 근동 간의 관계를 짧은 텍스트와 그림으로 어떻게 표현할 수 있을지 걱정이 먼저 앞섰다. 또한 구약성경의 형성에 관해 탐구하다 보면 끝없는 질문이 생겨나고, 고대 근동의 이야기를 접할 때도 마찬가지인데, 과연 이 질문들을 어떻게 해결해나가려고 하는지에 대한 걱정도 많았다. 이런 생각을 갖고 원고를 읽는 순간 걱정할 일이 아니었다는 것을 깨닫게 되었다. 복잡하고 깊이 있는 신학적 주제들을 놀랍도록 재미있고 유쾌한 방식으로 설명하는 이 책은 매혹적인 방식으로 독자들을 성경 속으로 끌어들인다. 중간중간 등장하는 웃음 포인트는 덤이다. 이 책은 구약성경이 어떻게 형성되었는지, 창세기의 이야기가 어떻게 고대 근동의 문명과 연결되는지를 궁금해 하던 이들에게 마치 시간 여행과도 같은 경험을 선사한다. 고대 문화와 신화가 펼쳐지는 배경 속에서 창세기가 어떻게 역사를 담고 있는지 이해하게 되면, 독자는 구약성경과 창세기를 새롭게 바라보게 될 것이다. 성경과 고대 근동에 관심 있는 독자뿐 아니라 역사의 흐름을 사랑하는 모든 이들에게 재미와 지식을 동시에 충족시키는 이 책을 추천한다.

전원희 | 유튜브 '오늘의 구약공부' 운영자

어느 시대에나 그리스도교 설교가들은 친근한 방법으로 복음의 진리를 선포하길 소망했다. 고대에도 중세에도 신학자들은 마치 만화처럼 친근하게 사람들에게 다가가는 방법을 궁리하였다. 일찍이 문맹자들도 성경의 이야기를 쉽게 이해할 수 있는 성화(聖畵) 전통이 발전된 것도 그런 이유였다. 이 책처럼 쉽고 보편적인 방법으로 오묘한 신적 신비를 드러내려는 노력은 격려받아 마땅하다.

이런 오랜 노력의 근본에는 예수가 있다. 인간의 몸으로 세상에 오셔서 가난하고 힘든 사람들이 쉽게 이해하는 언어를 우리에게 보여주신 예수를 따르는 자들이 바로 그리스도교인들이었다. 그리스도교 신학은 애초부터 거룩한 성전 안에서 세상과 담을 쌓고 발전하지 않았다.

이 책은 가장 최신의 신학을 가장 쉽고 친근한 방법으로 전한다는 면에서 예수를 닮았고 교회의 오랜 전통을 따른다. 젊은 그리스도교 창작자의 담대한 용기와 깊이 있는 공부에 박수를 보낸다. 그럼으로써 만화도 복음화되고 복음도 더 쉽게 전파되는 '선순환의 창작 과정'이 확산되길 고대한다.

주원준 | 한국고대근동학회장

여친 땜에 구약성경 읽는다 1

여친 땜에 구약성경 읽는다 1

글 김민석(Rust)
그림 김영화(김굿맨)

새물결플러스 × 이만배

차례

글 작가의 말

초기 기독교의 마르키온이라는 인물은 구약성경을 기독교 정경에서 제외시켰다. 그는 신약성경의 예수와 바울은 사랑과 정의를 신을 말하지만, 구약성경은 폭력과 보복의 신을 보여준다고 주장했다. 마르키온뿐만 아니라 독일의 개신교 신학자 아돌프 폰 하르나크도 구약성경을 기독교 정경에서 제외하려 했으며, 최근에는 도올 김용옥 교수도 그와 비슷한 주장을 했다. 이런 이야기들은 개신교 신자나 가톨릭 신자 입장에서는 참 불편하지만, 구약성경 안에 담긴 많은 잔혹한 일화들을 마주하는 것 역시 이 책을 정경으로 읽는 신앙인들에게 불편한 일이다.

어렸을 때 성경 그림책 속의 노아의 방주 이야기를 읽으며, 왜 죄 없는 동물들이 그렇게 죽어 나가야 했는지 의문이 들었었다. 게다가 이토록 잔인한 이야기인데 그림은 너무나 귀엽고 아름다운 것이 기괴하게 느껴지기도 했다. 스무 살쯤 읽기 시작한 신앙 서적들은 죄다 구약성경의 이야기들이 예수 그리스도의 그림자이거나 모형이라고 주장했다. 그러니까 기독교인은 구약성경을 정경으로는 읽되 그 모든 이야기를 예수에 대한 것으로 재해석해야 한다는 뜻이었다. 듣고 보면 일리가 있는 재해석도 있었지만, 그런 재해석의 상당수는 이현령비현령(耳懸鈴鼻懸鈴, 귀에 걸면 귀걸이 코에 걸면 코걸이)에 가까워 보였다. 서른이 넘어서는 구약성경에 나타나는 신의 폭력적인 행위들에 대해 변호를 시도하는 책들도 꽤 읽어보았지만, 별로 마음에 남는 것이 없었다.

지금까지 나는 "뒷조사 시리즈"를 통해 성경의 각 책들에 대한 배경 지식을 다루는 웹툰을 그려왔지만, 구약성경은 한 번도 다루지 못했다. 이것은 기독교의 입장에서 구약성경을 해석할 때 생기는 난감한 부분들에 대해 아직 나 개인이 정리를 다 하지 못한 탓이다. 그래서 우선은 약간의 거리 두기를 한 상태에서 구약성경을 살펴보기로 했다. 나의 신앙적 시선을 잠시 내려놓고, 구약성경을 고대 근동의 문헌 그 자체로 먼저 탐구해보기로 한 것이다. 아이러니하게도 이 접근 방식은 구약성경을 더 깊숙이, 자유롭게 파고들 수 있게 해주었다. 오로지 신앙의 눈으로만 봤을 때는 잘 보이지 않던 구약성경과 고대 이스라엘인들의 풍성한 세계가 펼쳐졌다. 비신앙인에게는 삶을 살아가는 지혜와 용기를 줄 수 있는 메시지가, 신앙인에게는 신앙을 더욱 깊고 풍성하게 해줄 단초가 될 지식들이 이 세계 곳곳에서 등장했다. 결국 나는 김영화 작가와 함께 이 세계를 웹툰으로 그려보기로 했다.

이 작품은 "이만배"라는 지식 웹툰 서비스에서 연재되었으며, 이번에 첫 책으로 묶여 나오는 것은 구약성경의 형성에서부터 창세기의 이야기까지를 담은 시즌 1의 내용이다. 종교의 경전을 다루는 콘텐츠의 특성 때문에 걱정되는 지점이 많았으나, 신앙인 독자님들은 물론이고 많은 비신앙인 독자님들도 편견 없이 재미있게 읽고 댓글로 반응해주셔서 고마웠다. 이 자리를 빌려 웹툰을 읽어주신 모든 독자님께 감사드린다. 아울러 이 웹툰이 잘 연재되고 출간까지 이어질 수 있게 모든 노력을 다해주신 이만배의 이성업 대표님, 박종훈 PD님, 김수진 PD님, 그리고 이만배 모든 관계자분께 감사드린다. 늘 응원과 격려를 아끼지 않으시고 이번에도 부족한 작품을 책으로 출간해주신 새물결플러스의 김요한 대표님과 수고해주신 모든 직원분께 감사드린다. 항상 큰 힘이 되어주시는 부모님, 늘 첫 독자가 되어 정성 어린 피드백을 주었던 아내 안정혜 작가에게도 특별히 고마움을 전하며, 가장 큰 수고를 하며 놀라운 작화로 이 작품을 탄생시킨 김영화 작가에게 마음 깊이 감사를 전하고 싶다.

2024년 9월 20일

김민석(Rust)

그림 작가의 말

햇수로 10년 넘게 성경에 대한 지식 만화를 그려왔다. 무슨 일이든 10년을 하면 어느 정도 반열에 오르기 마련이라는데 성경은 그렇지 않다. 기독교 가정에서 자라온 나는 성경을 사랑했지만 어느 순간부터 책장에 꽂혀 있거나 핸드폰 배경 화면에 자리한 성경앱이 어색하고 부담스러워서 노려보기만 한다. 어떤 이는 성경을 처음부터 끝까지 완독하면 지식이 더 깊어져 믿음이 커진다고 하고, 또 어떤 이는 하나의 말씀을 깊게 파고들다 보면 그 말씀이 꼬리에 꼬리를 물어 영적인 자유함의 경지에 오른다고도 한다. 하지만 난 여전히, 심지어 10년을 성경에 대한 만화를 그려도 성경을 그저 노려볼 뿐이다.

한심한 생각이 꼬리에 꼬리를 물다 문득 궁금해졌다. 나 같은 사람들이 많지 않을까? 성경을 사랑하고 싶지만 사랑할 수 없는, 삼류 아침드라마 속 주인공처럼 애증을 품고 성경을 대하는 사람들. 더 다가가고 싶지만 그 깊이를 알 수 없는 막연함 때문에 걸음을 멈춘 사람들 말이다. 믿음이 없게 들릴 순 있지만 최소한 솔직한 사람들이리라. 그리고 『여친 땜에 구약성경 읽는다』(이하 "여친 구약")는 그런 사람들에게 성경을 이해하는 수많은 방법 중 하나의 대안을 제시한다. 모르긴 몰라도 김민석 작가는 "여친 구약"의 첫 원고를 쓸 때 성경을 들고 어쩔 줄 모르는 많은 사람을 떠올렸을 것이다. 나 역시 그림 작가로 이 작품을 작업하면서 새로운 사실을 배우고 성경에 대해 애매한 것들을 당시의 문화와 배경을 통해 이해했다. 물론 그 모든 지식이 성경 전문가나 비평가들의 "관점"에 불과한 것이 아니냐고 비판하는 사람들도 있을 것이다. 혹자는 성경은 성경으로만 해석해야 한다고 말할 수도 있다. 그 모든 비판을 이해하고 존중한다. 하지만 위에서 말했듯 "여친 구약"은 성경을 이해하는 방법 중 하나일 뿐이다. 뭘 선택하든 목표는 정해져 있다. 신앙이 없는 사람들에게는 인문학적 지식을, 또 신앙이 있는 사람들에게는 더 이상 성경을 노려보지 않을 용기를 주는 것이다.

늘 그렇지만 이번 만화 작업도 고된 마감의 연속이었다. 하지만 감사하게도 나를 지지해주고 응원해주는 사람들이 주변에 늘 있었다. 웹툰을 연재할 수 있게 해준 "이만배"와 김민석 작가에게 감사를 전하고, 책을 낼 수 있도록 도와주신 "새물결플러스"의 김요한 대표께도 감사한 마음을 전한다. 그리고 특별히 나의 아내에게 무한한 사랑과 고마움을 전한다.

2024년 9월 20일

김영화(김굿맨)

1화 · 야훼 신앙

아주아주
먼 옛날
고오오오오오오...
신이 세상을
만들었을 때
뿅!
신은 자신이
만든 것들 중에서
인간을 제일 사랑했대.
철퍽
철퍽
예쁘다~
예쁘다~

인간에게 신의 숨결을
불어 넣고
후우우우우우…
인간만을 신 자신과
닮게 만들었지.
뿅!
그러던
어느 날…
신은…
자신이
사랑하는
피조물인
인간들을

학살하기
시작했어.
대홍수!!
신은 노아 가족과 한 쌍씩의
동물들만 구원하고

나머지 모든 인류와
동물들을 몰살시켰어.
신은 인간의 죄악
때문이었다고 했지만
그럼 왜
동물들까지
학살한 걸까?
인신제사!!
대홍수 이후로 세월이 흐른 뒤,
신은 '아브라함'이라는 사람을
선택했어.
잘하자?

아브라함에게는 꽤 나이 들어 낳은
'이삭'이라는 친아들이 있었는데
신은 아브라함의
충성도를 시험해보려고
이삭을 죽여서 자기한테
바쳐보라고 해.

물론 이삭이
죽기 직전에
막지만.
턱
오케이
오케이~
마음만 받을게!
믿음 좋구나,
너!
척
타민족
학살!!!

신은 아브라함의 후손들로 탄생한
'이스라엘' 민족에게
좋은 땅을 주기로 마음 먹었는데
그 땅은 빈 땅이 아니고
'가나안' 민족이 살고 있는
땅이었어.
신은 이스라엘 민족에게
명령했어.
가나안 민족의 땅으로 쳐들어가서
그 땅의 남자, 여자, 노인, 아이까지
모두 죽이라고.

그 신이
바로!!
숙희 니가 믿는
'야훼'야.
내 이름은 구봉규.
텅텅마법대학교 3학년이자
마법사 지망생이다.
얘 이름은 김숙희.
올해 우리 학교에 입학했고,
왜인지 모르겠지만, 기독교인이다.

숙희는 한 시간 전에
나한테 사귀자고 고백했다.
사실 난
전 여친이 기독교인이었고
다시는
기독교인과
사귀지 않기로
인생 결단을
했었다.
분명 종교 강요 같은 거
안 하겠다고 해놓고도
어느새 빌드업에
들어갈 것이고
근데
남친이랑 예배
같이 드리는 거
제 로망이긴
해영...ㅎㅎ

예배에 같이 가주기 시작하면
어느샌가 믿음을 요구할 것이고
이젠 오빠도 하나님
진심으로 믿었음
좋겠긴 해영. ㅎㅎ
어느새 나는 그녀의 부모님께
기도를 받고 있을 것이다.
이 자리에 함께한
봉규 형제에게도...
주를 믿는 믿음을
허락해주시옵소서..
아메엔.
흑흑...
물론
고백을 거절하는 게
제일 간단하지만,
그러기에는 숙희는...
예쁘다.
그렇다면...
내가 숙희와 사귈 방법은
하나뿐이다.

내가 숙희를
기독교에서 빼내면 된다!
나는! 너희를!
사랑한다!!
그래서 나는 숙희의 고백을
듣자마자 이 짓거리를
시작했다.
어때?

구약성경의
이 몇 가지 사례만
봐도, 야훼라는
신은 너무
잔혹하지 않아?
어라...?
하지만 숙희는
선배, 잠시만
입술 좀...
...?
전 여친처럼 순수하고
열정적인 그런 기독교인이
아니었다.
이...
입술...?
빨리...

2화 · 숙희의 정체

하... 왜
안 나오지...?
뭐... 뭐가?

우읍!!
쪼우우우우우우우압-
끄으읍!!!
쿠당
탕
숙희는 일반적인
기독교인이 아니라...
퉤!

통
통
아이 싯팔!
퇴마사였다.
덥석
허억!!
버러지 같은 놈.
선배 심장에 박혀 있던 악귀. 제가 꺼냈습니다.
누구 보고 악귀래? 이 미친X이!!
부들
부들
묻는 말에 진실하게 대답하면 곱게 보내준다. 알았냐?
꺼져. 이 미친X아!

퇴마인데... 좋았다.
니네 두목 어딨는지 말해라.
두목? 봉규 엄마 말하는 건가?
뭐?
나는 봉규 개인 집사 거든!!
개인 집사...?
퍼덕 퍼덕
그래!!
우리 엄마가 고용한 '퉤퉤'라는 괴조야.
퍼덕 퍼덕

너야말로
이 학교에 어떻게
기어 들어왔어?
퍼덕
퍼덕
마법대학교에
웬 야훼
신앙인?
퍼덕
퍼덕
게다가
퇴마까지?
그런 주제에
봉규한테 사귀자고
고백을 해??
텅텅마법대 총장님의
아드님이자,
최고 엘리트인
구! 봉! 규! 한테?
퍼덕
너
따위가?
아악!!
꾸—울꺽

얘 꺼내봤자 좋을 게 없어. ㅎㅎ
근데 아까 '두목'이라 한 건 누구야? 누굴 찾고 있어?
아...
그건 좀... 매우매우 개인적인 사정이라... ㅎㅎ
그나저나 학교 엘리트에 총장 아드님이셨군요.
제가 몰라봤네요.

주제도 모르고
고백해서
죄송합니다.
이… 이러면
안 되는데…?
일단 사귀자.
숙희를 기독교에서
빼내는 건
사귀고 나서도
할 수 있잖아?
숙희야, 나
대답을 할게.

나도 너랑
정식으로 사...
사...
스아...
아... 악
...칵...
칵
칵
칵...
그악...
되마 다시
해드릴까요?
끄덕
끄덕

키스
하지 마.
이 색기들아
!!!
퉤
슈아악
봉규 너,
나와봐.
으악!!
마법사가 야훼
신앙인과 사귄다?
어머님께 다
일러바치는 수가
있어?
어, 그래. 해봐
한 번! 집사
교체해버리는
수가 있어?

봉규, 너 고작
그 정도였나?
남의 일자리로
협박하는?
지는 남의
연애 갖고
협박했으면서.
괜한 훼방
놓지 말고
숙희 기독교에서
빼내는 거나
좀 도와줘.
넌 똑똑하고
'안주'의 후손이니
고대 근동 지식도
많을 거 아냐?
참고로 '안주'는 고대 수메르 신화의
괴물 새이자, '운명의 서판'을 훔친
도둑놈이다.
배시시-
음… 뭐…
그렇지…?
숙희를 무사히
기독교에서
빼내면…
너 교수 자리
만들어달라고
해볼게.

퉤퉤는 곧바로
엄청난 적극성을
띠기 시작했다.
파아아아–
퍼덕
퍼덕
내가 볼 때 말이야?
숙희를 야훼 신앙에서
꺼내려면?
뽀득
뽀득
씰룩
첫 번째
1. 구약성경의 허구성
일단 구약성경이 다른 주변 민족들의
신화를 얼마나 많이 베껴왔는지
낱낱이 얘기해줘야 해.
수메르
바빌로니아
구약
성경
이집트
가나안
오, 진짜야?
표절 도서였어?
그것보다
핵심은
이거야.
'내가 믿었던
이야기들이
진실이
아니었구나'
...라는 균열.

뽀득-
뽀드득-
이 균열이 생겨야
1. 구약성경의 허구성
2. 구약성경의 폭력성
두 번째도 효과가 생겨.
너는 숙희한테 야훼가 얼마나 잔혹한지 막 던져댔지만
구약성경을 진실이라 믿는 사람들한테는 야훼가 폭력적이라고 말해줘도 별 소용이 없거든.
이해할 수 없을지라도 받아들여야 할 야훼의 모습이라고 생각해버릴 거야.
하지만 진실조차 아닌데 여기 나오는 신이 겁나 잔혹하다?

더 이상
야훼 신앙을
붙들고 있을
이유가
없어지는 거지.
퉤퉤...
너는 다
계획이 있구나!
덥석—
억!
퉤퉤와 작전을
수립한 나는
마침내 숙희에게
내 마음을 전하러
도서관으로
돌아갔다.
그런데

숙희는
그때...
??
미, 미친
X...
우리 봉규
어뜩해!
푹-
으흑흑...
끄읍!!

구봉규! 괜찮아! 넌! 넌 참 멋진 놈이거든! 잠시 스쳐간 인연 따위에!
퍼덕
퍼덕
아, 좀 닥쳐봐!
드드드드드드드드드드
드드드
되마야.
푸압-
키이이잉이이이이익
ㅋㅋㅋㅋ
ㅋㅋㅋㅋ
ㅋㅋㅋㅋㅋ
ㅋㅋㅋㅋㅋ

ㅋㅋㅋㅋ ㅋㅋㅋㅋㅋㅋ ㅋㅋㅋㅋㅋㅋ ㅋㅋㅋ…
니네 두목 어딨냐?
두목?
아… ㅋㅋ ㅋㅋㅋㅋㅋㅋ ㅋㅋㅋㅋㅋ ㅋㅋㅋ…
끼이이이이
구약성경 TANACH
덜걱

구약성경
TANACH
내 두목은
이 안에
있지.
끼익
퍽
숙희야,
괜찮아?
타
타닥

이 안에 있다고...?
숙희야, 괜찮..
선배, 구약성경 다 읽어봤다 그랬죠?
어? 어...
그럼 그럼.
그럼 저한테 이 책 좀... 가르쳐 주실래요?
구약성경 TANACH
...옳게 됐다.

우리의 구약성경 읽기는
그렇게 시작되었다.
자, 한번
시작해
보자고!
벌떡
이야... 회.
응?
야훼?
난 봤어...
이야... 회.
숙희가 내 몸에서
악귀를 꺼낼 때 창조주의
형상을 봤어.
그분은 인자한 눈과
강인한 지느러미를
가진... 물고기...

나에게
말씀
하셨지…
'내 살을
먹으라'
이야…
회!
…
…
…
너희
이야 회 님의
말씀을
보는 거야?
아냐.
우리는
야훼의!
그래.
이야 회!
같이 보자!

3화 · 구약성경의 탄생 배경

브루스, 너
괜찮은 거야?
절레
절레
아니! 난 이야 회 님
때문에 흥분해 있어.
브루스?
아…
저랑 같이 입학한
브루스라는 친구예요.
아.
그렇구나.
난 3학년
구봉규.
얘는 퉤퉤.
퍼덕
퍼덕
너무 좋다.
너무 좋다!
이야 회 님을
영접하자마자
너희 같은 동료를
만나다니
축복이야!
와락

떨어져.
이 자식아.
어억!
덥석
우리 얼른 읽자! 이야 회! 님의 말씀!
시작 해보자. 그럼.
구.약.성.경.
결론부터 미리 말하자면
이 책은 표절 투성이야.

…
…
죽여버리겠어!
죽여버리겠어!
으악!
이야 회!
님의 말씀이
표절이라니!!
…
으악!
진정해.
브루스!
구약성경
휘우우웅-

자,
이게 고대
근동이야.
바빌로니아
이집트
가운데 이
쪼끄만 나라가
이스라엘이고.
바빌로니아
이스라엘
이집트
이 이스라엘
사람들이 쓰고
편집한 게
구약성경이야.
구약성경
TANACH
이스라엘
이 작은 나라가
누구한테 둘러싸여
있었는지 봐봐.
위로는
바빌로니아.
아래로는 이집트.
당대 최강국들
이었지.

거대한 주변국
문화의 영향을
안 받을 수가
없는 지정학적
위치에 있었다고.
그러니 자연스레
주변국의 신화 이야기도
자주 접했을 것이고.
절레
절레
그렇게 베껴 온
이야기 중 대표적인 것이
'창조 이야기'와
'홍수 이야기'지.
이
멍청새야...
ㅋㅋ
어떻게 이야 회 님이
주변국 신화 따.위.를
베끼실 거라 생각할 수가
있어?ㅋㅋㅋ
튀튀, 참아.
참아.
나한테...
멍청새라
그랬어...
부들
부들
부들
와락

저 생선교 신도 샛기가 !!
붕—
붕—
붕—
진정하고 집중해, 퉤퉤.
우리가 설득할 대상은 브루스가 아니라 숙희라고.
자자, 베꼈냐 안 베꼈냐를 확실히 판단하려면
구약성경 이 책이 어떻게 탄생했나?
그것부터 얘기해보면 좋을 거 같은데?

사실 이게
책 한 권이 아니고
수십여 권의
다양한 책을
묶은 문집이란
말이지?
구약성경
TANACH
설화와
역사 기록.
법률 문서,
제의 문서, 예언서.
금언, 시,
노래 가사집까지.
강대국 사이에
끼여 살아간
이스라엘 사람들은
왜?
쓰인 시대, 저자,
장르까지 다 다른
이 수십 권의 책들을

뽕!
구약성경
TANACH
하나의 문집으로 엮으려 한 걸까?
똑똑한 퉤퉤가 얘기해줄 거야.
퍼덕
퍼덕
흐흥…
구약성경
내가 볼 때 가장 강력한 동기는 이거야.
후웅

트라우마
극복.[1]
트라우마?
뭔 트라우마?
쿵
자, 이건
기원전 1208년쯤
이집트에서 만들어진
'메르넵타 석비'야.
여기 보면
파라오 메르넵타가
가나안 지역에서
군사 작전을 벌인
내용이 나오거덩?[2]
메르넵타
Merneptah
고대 이집트 제 19왕조
네 번째 파라오

여기에 '이스라엘'에 대한 역사 최초의 텍스트 언급이 나와.[3]
한국어로 번역
"이스라엘 민족을 학살하고 자녀들을 죽였다"[4]
후웅-
늘 두들겨 맞았던 이스라엘 민족의 역사를 단적으로 보여주는 기록이지.
근데 그 두들겨 맞아온 역사 속에서도 가장 최악의 시기에!
퍼덕
퍼덕
이 구약성경 저술과 편집이 가장 본격적으로 이뤄졌어.

주

1. David M. Carr, 『거룩한 회복탄력성: 트라우마로 읽는 성경』(감은사 역간, 2022)에서 참조.

2. William G. Dever, *What Did the Biblical Writers Know and When Did They Know It?*(Wm. B. Eerdmans Publishing, 2001), 118-19; David M. Carr, 27-28.

3. 같은 글.

4. David M. Carr, 28.

4화 · 트라우마와 글쓰기

그 최악의 시기가 언젠데?
멸망이 찾아왔을 때.
구약성경 TANACH
이스라엘은 한때 괜찮은 시기를 누린 적이 있었어. 다윗 왕과 솔로몬 왕 덕택에.
강
중
약
멸망
두들겨 맞던 시기
다윗
솔로몬
큰 규모의 성전도 짓고, 군사, 경제적으로도 점점 좋아졌지.
근데 그 이후에 바로 왕국이 둘로 쪼개졌어. '남유다'와 '북이스라엘'로.
쩍
그리고 쪼개진 왕국은 부강한 시기를 잠깐 누리기도 했지만, 결국 양쪽 다 망하기 시작해.
강
중
약
멸망

'북이스라엘'은
아시리아의
살만누아사리두
5세의 침공으로
멸망하고
살만누아사리두 5세
Shalmaneser V
'남유다'는 바빌로니아의
네부카드네자르 2세에 의해
멸망하는데...
네부카드네자르 2세
Nebuchadnezzar II
이 '남유다'에는
야훼 신앙에서
가장 중요한 장소인
예루살렘 성전이
있었어.
후웅ㅡ
그 좋았던
솔로몬 왕 시절에
지어진 거대한
건축물이었고
후웅ㅡ
후웅ㅡ
그들은 이곳을
야훼를 만나는
장소라 여겼지.
아하.

아하.
바빌로니아의
네부카드네자르는
그 성전을
부숴버렸어!
휙
휙
파닥
파닥
네,
네부
카드네
자르!!
부들
부들
그리고 많은 남유다
사람들을 바빌로니아로
이주시켰지.
바빌로니아

믿었던 것들,
의미를 두던 것들은
모두 사라지고
낯선 도시에 들어와
낯선 사람들과
살아가기
시작했어.
그리고 점점
희미해져 갔겠지.
내가 누구였는지.[1]
내가
사라질 것
같다.
우리의
정체성이
없어질 것
같다.[2]

그래서 그들은 썼어.
퍼덕
퍼덕
구약성경
구전으로 이어져 내려온 이스라엘 민족의 이야기들을.
이미 글로 남아 있던 왕실문서들을 최대한 수집했고
이것이 구약성경의 시작이었지.
근데... 그런 거라면 다른 민족 이야기를 베낄 이유는 없었을 거 같은데?

자기 민족 정체성을 잊지 않으려고 쓰는 글에 다른 민족 얘기를 왜 베껴오겠어?
척
...
...
아니 그... 내 얘기 끝까지 들어야 되는데...
이야 회는 역사다!
이야 회는 역사다!
이야~~ ~~~회!!
이야~~~~회!
아악!!
이야~~~~회!
이야~ ~회!
내 말 끝까지 들으라고 !!!

자, 민족의 정체성이 사라질 공포 때문에 자료와 이야기 수집이 시작됐어~?
긁적
근데 실제로 얻을 수 있는 자료는 그리 많지 않았을 거란 말이지?
왜?
고대 근동에서 '글쓰기'라는 건 왕실에서 전문 서기관이 하는 일이었어.[3]
바빌로니아에서 구약성경을 써나간 사람들도 원래 남유다 왕국에서 서기관이었던 이들이고.[4]
근데 이스라엘 민족은 꽤 오랜 시기를 왕이 없는 상태로 지냈거든.

처음엔
족장 중심이었고
아브라함
이삭
야곱
모세 같은 독보적인
지도자도 있었지만
역시 왕은 아니었고
그 이후엔 거의
대제사장 중심
이었거든.
그러던 이스라엘이
'글쓰기'를
시작한 건
후웅—
다윗
David
이스라엘 왕국
2대 왕
다윗 왕이
이스라엘에
왕정을 제대로
도입하면서
부터야.

여기서부터
바로 그
'베끼기'가
시작돼.
이익!!
지금부터
어마~어마~한
베끼기의 증거들을
들려줄게.
이, 이야 회는
역사다!!
이야 회는
역사다!!
흐흐흐흐흐
흐흐흐흐흐

주

1. David M. Carr, 『거룩한 회복탄력성: 트라우마로 읽는 성경』(감은사 역간, 2022), 105.

2. 같은 글.

3. David M. Carr, 30-31.

4. David M. Carr, 105-6.

5화 · 시작부터 표절질?

생각해봐. 이스라엘은
왕정이 처음이잖아.
그러니 다윗 왕 초기엔
이게
왕실이야?
왕실다운 모습이
1도 없었을 거라고.
우당탕-
이게
왕실이야?
뭘 할 수 있었겠어?
가까운 대국인 이집트 것을
베껴와야지.
다윗은 이집트 궁정을
카피해와서 왕실 궁정을
지었고[1]
찰칵
이집트식 서기관도 뒀어.
서기관들 이름까지
이집트식이었지.[2]
사워사
Shavsha
스라야
Seraiah
시사
Shisha
스와
Sheva
그래서 왕실에서 쓰는
'글'도 이집트 방식을
따랐던 거야.
부들
부들

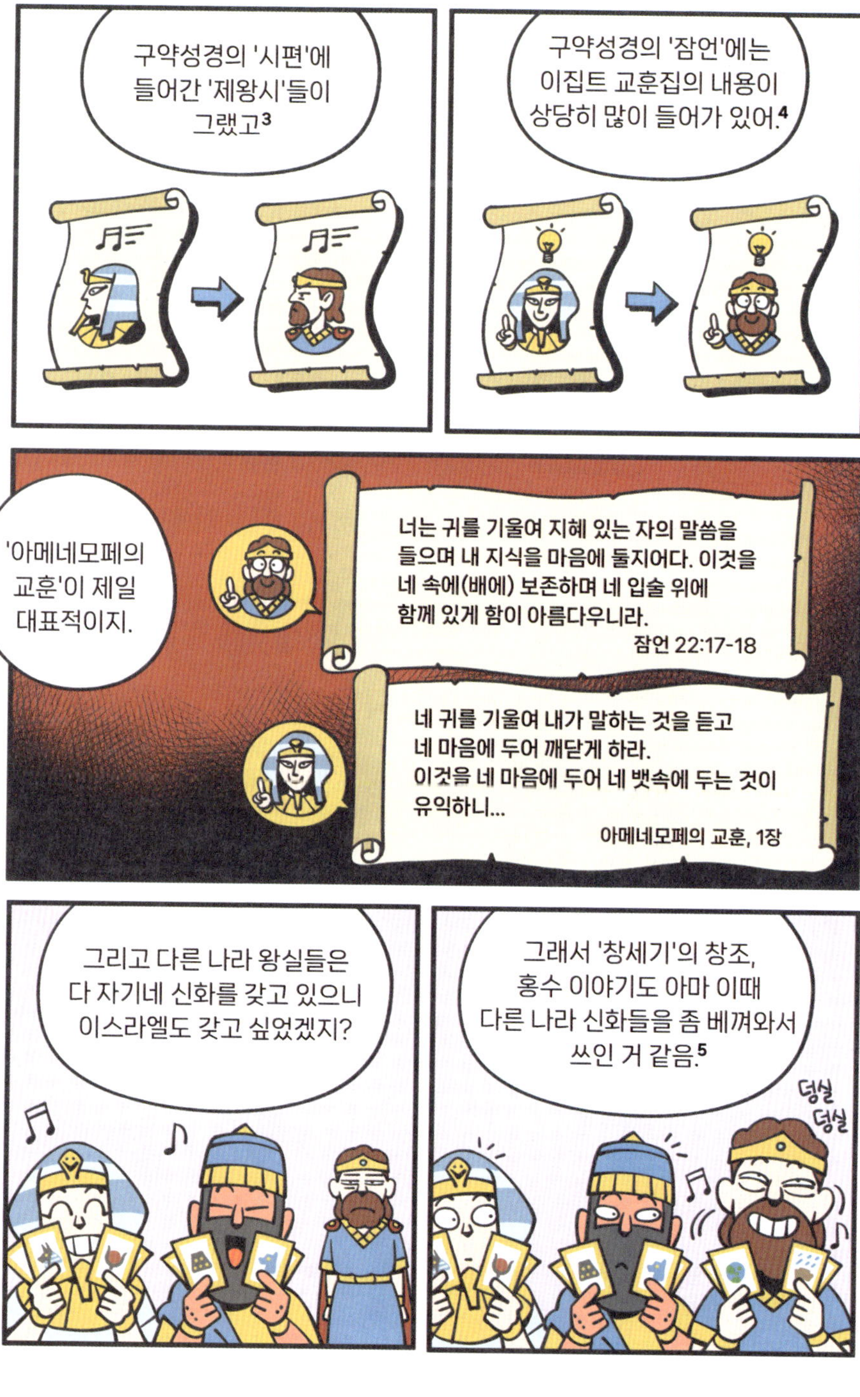
구약성경의 '시편'에
들어간 '제왕시'들이
그랬고3
구약성경의 '잠언'에는
이집트 교훈집의 내용이
상당히 많이 들어가 있어.4
'아메네모페의
교훈'이 제일
대표적이지.
너는 귀를 기울여 지혜 있는 자의 말씀을
들으며 내 지식을 마음에 둘지어다. 이것을
네 속에(배에) 보존하며 네 입술 위에
함께 있게 함이 아름다우니라.
잠언 22:17-18
네 귀를 기울여 내가 말하는 것을 듣고
네 마음에 두어 깨닫게 하라.
이것을 네 마음에 두어 네 뱃속에 두는 것이
유익하니...
아메네모페의 교훈, 1장
그리고 다른 나라 왕실들은
다 자기네 신화를 갖고 있으니
이스라엘도 갖고 싶었겠지?
그래서 '창세기'의 창조,
홍수 이야기도 아마 이때
다른 나라 신화들을 좀 베껴와서
쓰인 거 같음.5
덩실
덩실

아무튼 구약성경에서 제일 처음 글로 쓰인 것이 이런 것들이었어. 제왕시, 교훈집, 신화.[6]
그럼 이스라엘은 왕정을 도입하고 글쓰기 시작한 때부터…
바로 표절질 했단 거잖아? 아하… 이거 참.
근데 브루스 어디 갔지?
브루스?

이야… 회…
이야… 회…
쿵
쿵
쿵
쿵
이야… 회…
이야… 회…
쑤욱
이야… ㅎ…
안녕하십니까? 당신의 신앙에 논리의 링을 달아드리러 온
쑤우우우욱—
변증 요정 이현령비현령™ 입니다.
내게 응답하셨어!
이야 회 님이 보내셨군요!!

음... 저는
고급 마법사인
당신이 마법으로
만들어낸
존재입니다만.
빙글
빙글
아니야!
당신은
이야 회 님이
보내셨어!!
논리적으로!!
빙글
논리적으로...?
...당신이 이야 회를
강하게 믿은 만큼...
이 마법이 통한
것이고...
빙글
빙글
빙글
팽
팽
그러면 이야 회
때문에 제가
탄생한 게 맞고...?
그러면?
팽
팽
팽
팽
이거
되네요!!
이야 회
님이 저를
보내셨습니다
!!!
정말 논리적이야!
바로 그 기세로!

저 샛기들
쳐바르러
가자!!
휘익
탁탁탁
악귀!!!
탁탁
탁탁탁
콱
히익!!
악, 악귀
아니야.
숙희야!!

아니라고? 그럼 이 자식은 어디서 튀어나온 거야?
...이야 회 님이 보내셨습니다.
안녕하십니까? 변증 요정 이현령비현령™ 입니다.
구약성경이 표절이라고 우기는 당신들의 논리를

싸아-
쳐바르러 왔습니다.
윽...!
멍청새께서 설명하신 내용을 제가 잘 전해 들었는데요.
끄아아아아악!!!
바들
바들
꺽...
커헉
꺽...
얘는 안주의 후손 퉤퉤야! 똑똑한 새라고!

고대 수메르 신화의
그 안주의 후손이라!
그렇다면 더
잘 아시겠군요.
팽
팽
팽
이스라엘은
고대 근동의 다른 민족들과
세계관 자체가
굉장히 달랐다는 것을!

벌써부터
쳐바르는
느낌이
들고 있어!!
창조 이야기와
홍수 이야기가
표절이라고
하셨는데…
팽
팽
이건 표절이 아니라…
…표절… 아니고…
그…
팽
문화 비평.[7]
고대 근동의
인싸 문화에
대한!
아싸들의
비평으로
봐야
합니다!!

주

1. David M. Carr, 『거룩한 회복탄력성: 트라우마로 읽는 성경』(감은사 역간, 2022), 33.

2. 같은 글.

3. 같은 글.

4. 같은 글.

5. David M. Carr, 34.

6. 같은 글.

7. Christine Hayes, 『구약 읽기: 역사와 문헌』(문학동네 역간, 2022), 2장. EPUB 전자책.

6화 · 유일신 신앙의 등장

이스라엘이
고대 근동의
아싸였다고?
왜?
아, 당연히 그랬겠지.
민족 역사 내내 사방으로
두들겨 맞아왔는데
세상에 대한 불만과
환멸이 안 생기고
배기겠어?
삐뚤어질
거야…
그렇습니다. 퉤퉤 님도
저처럼 논리적인
분이시군요?
엮지 마.
휘휙-
팽
팽
고대 근동 사람들은
다양한 신들을 문화로
소비했습니다.
팽
팽
팽
문화적 친숙함으로
따지자면 오늘날의
대기업 정도?
SAMSUNG

힘도 있고, 각자 나름의 매력과 인지도를 갖고 있으며
서로 경쟁하기도 한다는 측면에서 비슷한 점이 있지요.
SAMSUNG
YAHWEH
척-
그런데 처음 보는 기업 하나가 등장하더니
YAHWEH
지금부터 이 세상에 진짜 기업은 나 하나고, 니네는 다 짝퉁이야.
이스라엘이 고대 근동 세계에 출시한 신앙이란 그런 것이었죠.
팽-
팽-
팽-
팽-

신은 딱
한 분밖에
없다.
이야!
회!!
이야~~
~~~
~~회!!!
바로
유일신 신앙
이었지요.
이야 회!!
이야~~회!!
이야 회!!
다양한 신들의
개성과 아름다움으로
가득한 세계를
흑백으로 뒤바꾸는
'악'의 출발이었지!!
오...
~~~

악의
출발...
내 두목은
이 안에
있지.
구약성경
TANACH
그렇지 않습니다.
'선'의 출발이었지요.
윽! 아니
대체 어딜
봐서?
유일신 신앙의
가장 큰 특징이
'선함'에 대한
관심입니다.
니 눈깔은
안 선해...
팽- 팽-
팽- 팽-
그것이
창조 이야기와
홍수 이야기에
어떻게
담겨 있는지!
지금부터 제가!
애애애애-앵!

애애애———…
—·앵
뭐야?
텅텅마법대
교내에 있는
모든 학생,
교수,
직원분들은
수업과 업무를
중단하고
강당으로 모이기
바랍니다.
웅성
웅성
웅성

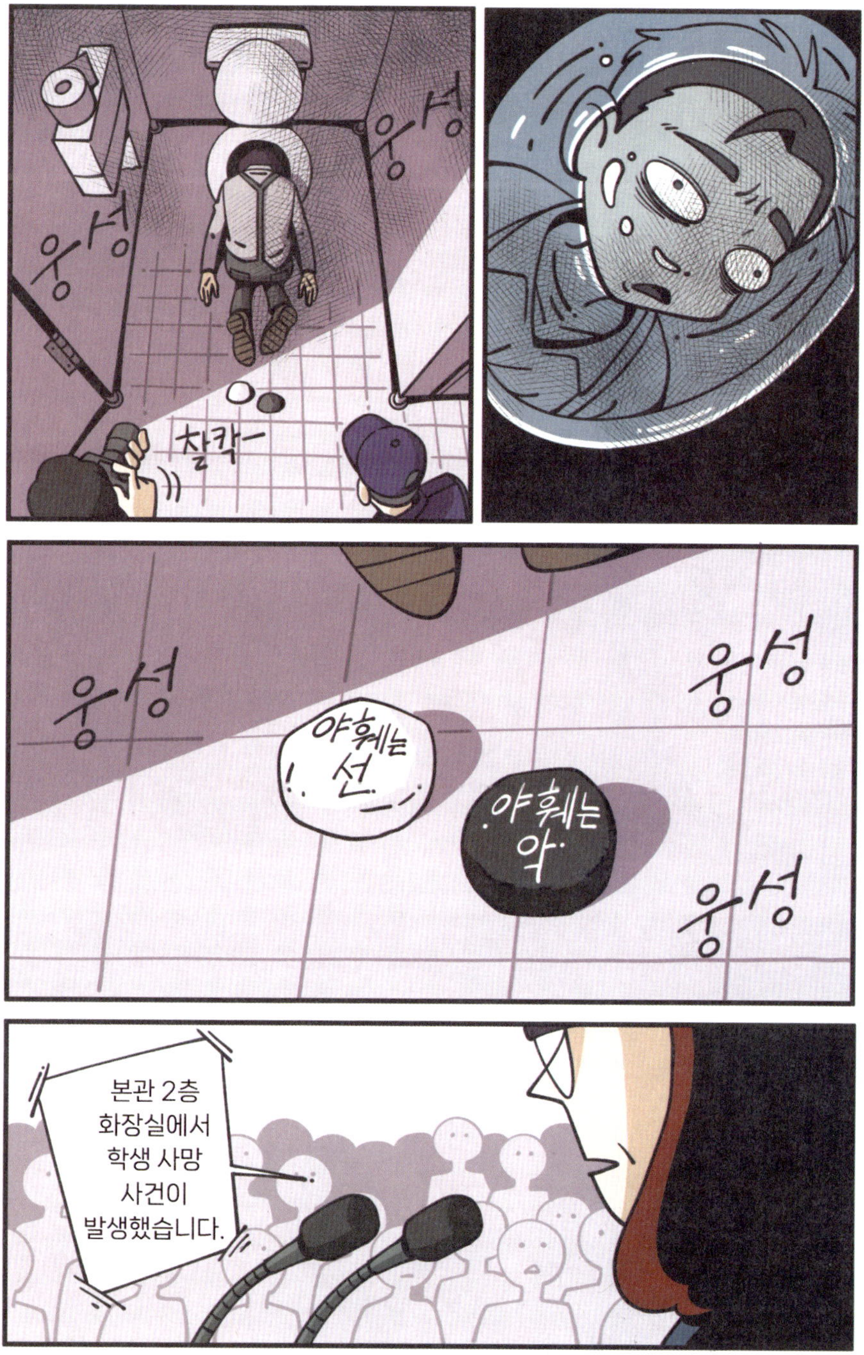

웅성
웅성
찰칵-
웅성
웅성
야훼는 선.
야훼는 악.
웅성
본관 2층 화장실에서 학생 사망 사건이 발생했습니다.

술렁
술렁
슈아아아
그리고
학생 곁에서
발견된
이상한
돌 두 개.
이 학생은 마법
수련생임에도
야훼 신앙을
갖고 있었던 것
같습니다.
야훼는 선
야훼는 악
아는 사람은
알겠지만...

이번 사건과
동일한 사건이
10년 전에도
있었지요.
같은 방식으로
아홉 명의 학생이
연쇄석으로
사망했었습니다.
숙희야,
어디 가?
나는
총장으로서
과거의 끔찍한
그 일이 반복되게
방치할 수
없습니다.

슉
이슬람교
천주교
개신교
유대교
개신교
지금 솟아오른
학생들은 모두
야훼 신앙인들
이며
오늘부터
경찰 조사가 끝날
때까지 학교에서
보호 조치합니다.

딱딱딱
숙희야!
아, 왜 다 따라오는 건데??
숙희야, 대체 어디 가는 거야?
딱딱딱
딱딱딱
딱딱딱
아니... 어디야, 여긴?
우리 아빠 돌아가신 곳이요.

7화 · 악한 신이 없는 세계관

장인어른
께서??
……
근데…
학교 뒤편에
이런 곳이
있었나?
성경박물관
입니다.

성경박물관?
왜 그런 게
여기...
여긴 원래
기독교 대학교가
있던 땅이에요.
저희 아빠가
목사이자 교수로
일하던 학교였죠.
기독교 대학교가
망하면서
지금 이
텅텅마법대가
세워졌고
성경박물관도
폐건물이
된 거죠.
성경박물관

그럼...
아버님께선
어쩌다가 여기서
돌아가신 거야?
아까 보신
그 사건과
거의
똑같이요.
아...
학생들을
죽게 한 것도
아빠를 죽게 한 것도
같은 놈이
분명해요.
그게...
누구...

대악마.
나...
나 아니야...
도리
도리
구약성경
TANACH
덥석
이 구약성경은
아빠 유품
이고.
척
이건 아빠
유서예요.

대악마의
손길은
텅텅마법대에
대악마의
머리는
이게 제가 이 학교에 들어온 이유예요. 대악마의 손길을 찾으러.
끝까지 못 쓰셨는데?
대악마의 머리는...?
브루스 몸에서 나왔던 악귀 말대로라면...

대악마의
머리는…
구
성경
구약성경
TANACH
구약성경
안에
있어요.
이거 봐.
내가 뭐랬어?
유일신 신앙이
'악'의 출발
이라니까?
노노노노
노노노
노노노노노!
다들 잘
생각해봐!
이런 일이
어제 오늘 일이
아니잖아!
우리 마법사, 마녀들이
야훼 신앙인들 손에 수없이
죽어나갔던 중세를
떠올려보라고!

제가
엄밀히
말하자면!
왱왱
왱왱왱
왱왱
왱왱
이제부터
엄밀히
말하겠습니다!
그것은 '기독교'에
의한 것이지
'유일신 신앙' 때문은
아닙니다.
척-
야!
기독교랑
유일신 신앙을
갈라쳐??
왱왱왱
왱왱
왱왱왱
예
그렇습니다!
저는 계속
엄밀히
말하겠습니다!
'유일신 신앙'은 말 그대로
다른 신은 존재하지 않는다는
믿음이고
죄송합니다 해당 신을
찾을 수 없습니다.
YAHWEH
죄송합니다 해당 신을
찾을 수 없습니다.
죄송합니다 해당 신을
찾을 수 없습니다.
달리 말하자면
'악한 신' 따위도 없다는
얘깁니다.[1]
VS
죄송합니다. 전투 상대를
찾을 수 없습니다.

기독교에서 '사탄'은 신에게
대항하는 끝판왕으로 종종
그려지지만
예수우
우우우!!
후훗.
애송이.
구약성경에서 '사탄'은
그냥 인간의 죄를 신에게
고발하는 '고자질 천사'
정도입니다.
고발장
예로 드신
기독교의 마녀 재판
같은 경우도
기독교가 '악'을 신적이고
독자적인 세력으로 믿었기 때문에
벌어진 일이지요.
팽팽팽—
팽팽팽—
인간의 행위를 단죄한 게 아니라
악마와 싸우려고 한 행동들
이었으니까요.
그렇게 이 세상을
선한 신과 악한 신의 대결로
보는 세계관은

유일신 신앙 보다는 차라리 고대 근동의 다신교 신앙에 가깝습니다.
잉...?
고대 근동의 세계관에 따르면...
이 학교에서 '텅텅'이라 부르는 원계가 존재하고[2]
팽
팽
팽
거기서부터 선한 신과 악한 신이 탄생해서[3]
우주 전쟁을 벌이고 있다고 하니까요.[4]

그러니까 이 세계관에서 악의 근원은 '악한 신들'인 것이죠.
팽 팽팽
하지만 구약성경의 유일신 신앙은 그런 게 없습니다!
구약성경에서 악의 근원은 오직 인간입니다.5
그 관점에서 보면... 숙희님이 찾고 있는 대악마도...
인간 아닐까요?

주

1. Christine Hayes, 『구약 읽기: 역사와 문헌』(문학동네 역간, 2022), 2장. EPUB 전자책.

2. Yehezkel Kaufmann, *The Religion of Israel* (New York: Schocken Books, 1972), 21-121; Christine Hayes, 2장에서 재인용.

3. Yehezkel Kaufmann, 같은 글.

4. Yehezkel Kaufmann, 같은 글.

5. Christine Hayes, 같은 글.

8화 · 대악마의 흔적들

그럼...
대악마의
손길은
텅텅마법대에
대악마의
머리는 ㅡ
구약성경
TANACH
야훼가
대악마...?
??
!!
!!
??
이야!!! 회!! 님을
숙희 너까지
모독하려는 거야??
숙희 님? 숙희 님? 제 말이
어찌 그리 해석됩니까?
엄밀한 설명 부탁드립니다?
이야 회!!

구약성경에서 인간이 악의 근원 이라면...
더 거슬러 올라가면, 인간을 창조한 야훼가 악의 근원이 되는 거 아닌가 ...?
철퍽
철퍽
논리적 이네요?
팽
팽
팽
그리고 봉규 선배가 해줬던 구약성경 얘기들 떠올려보면...
널 누가 보내셨지?
이야 회 님입니다!
널 누가 보내셨지?
야훼 스스로도...
이야 회! 이야 회!!

잔혹한 행동이나
지시를 했었고.
그러면
구약성경에는
다른 고대 근동
신화들 같은
'악한 신'이 없는
대신에...
야훼는
선...
야훼는
악
야훼 안에
선한 신, 악한 신이
다 있었던 건가?
싶어서.

숙희가 신앙을
잃고 있는 것
같아!
물론 이렇게
믿고 싶진 않아.
내가 믿는 신은...
인간을 위해
고통과 죽음을
몸소 겪을 정도로
헌신적인
존재니까.
지이~~저스
크라~이스트!!!
...를
얘기하시는
거군요?
절레
응...
너무 다르게
느껴져.
예수와 야훼는.

아직 신앙을
잃는 거
택도 없다...
하아...
하지만 난 뭐가 됐든
진실을 받아들일
준비는 되어 있어.
터벅
터벅
아빠를 죽인
대악마가 인간이든,
야훼든, 악귀든,
뭐든 간에...
난 그 자식을
찾는 게
중요하니까.

아버님이 박물관
어디서 돌아가신
거야?
저도 여기 들어와
본 건 처음이고,
목격자 증언만
들었어요.
아빠 사망 당일
여기 청소하셨던 분
얘기로는...
아빠와 대악마는
전시길을 따라
이동하면서
각 스팟마다
논쟁을 벌였고
아빠가
이기면
흰 돌을
야훼는
선.

대악마가
이기면
검은 돌을
놓았대요.
야훼는
악
거의 대부분
검은 돌이 놓였고...
전시길 끝에서 아빤...
대악마에게 죽임을
당했어요.
순서대로
가보죠.
창세기
GENESIS
בראשית
1.천지창조

뭐야... 누가
저렇게 낙서를
...?
1.천지창조
야훼는
악
오! 여기서부터
였네, 숙희야!
선배,
잠깐!
1.천지창조
일단
증거물
수집하자!

키이이아아이이이이
키각!
키각!
킥!
웁!!
펴덕
봉규야!!
끄으읍!!!
펴덕
1.천지창조
파각!

쪼옵
쪼오옵
쪼옵
쪼오옵
쪼오옵
쪼옵
이... 싯팔...
......
...움?
!
1.천지창

9화 · 창세기와 고대 근동 신화

당신이 이겼어.
이제 그만하자.
이 시간 감옥에서
날 좀 내보내줘!!
꽈악—
숙희
아버님...?
터벅
터벅
니가 여전히
인정을
못하니까.
내가
야훼라는
것을.

대악마
...?
야훼는 너 같은
분이 아냐.
넌 그냥...
내가 만나본
최악의 악귀일
뿐이야!!
계속
고집 피우면
학생들만 더
죽어나갈 텐데.
!

푸앙
야훼는 악
키이이이이
선배, 괜찮아요?
아버님이 아직 대악마와 싸우고 계셔.
네??
시간 감옥에서.
시간 감옥?

아무래도 대악마는
야훼가 맞는 것 같아.
우리 이야 회 님 좀
그만 개로피십시오
!!
도리
도리
어째서
입니까?
대악마 본인
스스로 야훼
라고 했거든.
숙희 아버님은
그걸 인정 못하고
있고.
야훼는
악
대악마는
그것 때문에
학생들이
죽어나가고
있다고 했어.

저벅
저벅
제가 대면
해봐야겠네요.
척—
...?
뭐야?
난 왜...
퍼덕
숙희 너한테
퇴마당한
애들인데, 잘도
보내주겠다ㅋ
퍼덕
우리...
구약성경
악마 따위의 말에
휘둘리지 말고
이야 회 님의
말씀을 보자.
구약성경

악마잖아. 악마!
우리가 악마
본인 주장을
믿고 움직여야
해??
구약성경
TANAC
그러다 학생들
더 죽어나가면?
쭈우우우ㄱ
구약성경
학교에서
강력한 마법으로
보호 조치를
했으니 일단은
괜찮을 겁니다.
대악마가
정말로
야훼라면
우리가
여기서 직접
확인하게
되겠지요.

본문으로 빨리
들어가보지요.
천지창조부터.
척-
결국 표절과
폭력이 난무하단
것만 확인하게
되겠지만...
덥석
구약성경
TANACH
이익!!
드가자!
어둠
속으로!!
후웅
1. 태초에 하나님이 천지를 창조하셨다.
2. 땅이 혼돈하고 공허하며, 어둠이 깊음 위에 있고, 하나님의 영은 물 위에 움직이고 계셨다.1

봐! 첫 부분부터 바로 바빌로니아 서사시가 나오잖아!
바빌로니아 서사시?
'에누마 엘리시' 라는 위대한 서사시인데...
태초의 바다가 '티아마트'라는 괴물로 등장하고
'마르두크'라는 수호신이 등장해서
티아마트를 거센 바람으로 찢어 죽여.2

그게 이 창세기
구절이랑 뭔
상관이야??
하며, 어둠이 깊음 위에
은 물 위에 움직이고
테홈
티아마트
2절에서
'깊음' 이라
번역된 히브리어가
'티아마트'에
상응하는 단어고3
이 혼돈하고 공허하며, 어둠이
고, 하나님의 영은 물 위에 움직
셨다.
루아흐
'바람'
'영' 이라 번역된
히브리어는 '호흡'
또는 '바람'을
뜻하는 단어야.4
'티아마트'라는
혼돈의 물 위로
'바람'이 불고 있는
그림인 것이지.
마르두크가 거센 바람으로
티아마트를 공격한 이야기
그 자체인 거야!
게다가 창세기는
그 '혼돈의 물'이
둘로 쪼개져서

하늘 아래의 물과 하늘 위의 물로 나눠졌다고 하는데…[5]
티아마트의 몸 역시 위 아래로 찢겨 나눠 지거든.[6]
창세기 시작부터 표절이다. 그치? 변증요정? 인정하나?
팽 팽 팽 팽 팽
확!
팽 팽 팽 팽 팽 팽 팽 팽 팽
못! 해!
지금부터 여러분의 눈과 귀를 열고, 코를 열고, 뇌를 여십시오.
찡긋~
논리의 링 들어 갑니다.

주

1. 대한성서공회, 성경전서 새번역(2001), 창 1:1-2.

2. 『고대 근동 문학 선집』(CLC 역간, 2016), 95.

3. Brevard S. Childs, 『구약성경의 신화와 실재』(감은사 역간, 2023), 63.

4. Brevard S. Childs, 59.

5. 창 1:6-7.

6. 『고대 근동 문학 선집』, 96-97.

10화 · 창세기의 신화 활용법

창세기 저자는
'에누마 엘리시'를
표절하고 있는 게
아니라
빙글
빙글
빙글
의도적으로
독자가 그 이야기를
떠올리게 하고 있는
겁니다!
고대의 바다!
위대한 괴물! 티아마트는!
창세기에서
그냥 '바다'가
되어버리고...
마르두크가 티아마트를
무찌른 장엄하고 긴
전투 장면은!
그냥 야훼 혼자서
일으킨 자연 현상 정도가
되어버립니다.
후-

슈퍼히어로 액션 영화를
핵노잼 자연 다큐로 바꿔버린 것이죠?
당대에도 덕후들이 있었다면... 난리 났을 겁니다.
베플 이놈아엘리쉬 1시간 전
마르두크 어디가쒀???
베플 티아마트쨩 1시간 전
티아마트 눈나 그려줘 작가놈아ㅗㅗ
&$!#%
그러나 창세기 저자의 신화 핵노잼 만들기는
여기서 그치지 않습니다.
당시 고대 근동에서 태양과 달을 지칭할 땐 당연히 해당 신의 이름을 불렀단 말이죠?
달은 달신 '난나'로, 태양은 태양신 '우투'로.1
근데 창세기 저자는 그 둘을 그냥 '작은 광명체'와 '큰 광명체'라고 부르면서, 캐릭터를 지워버립니다.

베플 난나야 3분 전
난나와 우투까지????
베플 우투LOVE 1시간 전
선 넘네...
베플 길가메쉬포테이토
독자랑 싸우자는 거네?
창세기 저자의 이 짓거리를
학자들은 전문 용어로
척-
'비신화화'
라고 부릅니다.2
아니, 창세기 저자는
왜 그런 짓거리를
한 거야?
당연히
까기 위해서
지요.
?
??
??

아! 참으로 정상적으로 엉망인 기억력들이시군요!
제가 엄밀하게 말씀드리지 않았습니까?
구약성경은 고대 근동 인싸 문화에 대한
아싸들의 비평이라고!
창세기 저자는 당대의 신화들을 재료 삼아서3
이 세상에 대한 새로운 시선을 제시하려 하는 겁니다.4

쓸데없이
거창하게 얘기하네.
깔깔깔~
그냥 유일신 야훼
독재 신앙을 제시하려고
다른 신화들을 내려쳤단 거
아냐?
어,
100퍼센트
맞습니다!
그러니 그 내용이
뭔지를 봐야겠지요?
창세기 저자가
제시하는
인간과 세상은
어떤 것인가?

이 얘기는
다음 스팟으로
넘어가서
해야겠군요.
2 생명나무와
선악나무
생명나무와
선악나무
네요.
여기도
검은 돌이네...?
네.

이 부분은
아마도...
동산 한가운데는 생명나무와
선과 악을 알게 하는 나무를
지라게 하셨다.5
후웅—
요 구절
일 텐데.
생명나무 이것도
고대 근동 세계에서
흔해 빠진 소재야.6
아시리아에서
종교적 상징으로
쓰였었고
고대 이란과 우라르투
에서도 등장했었고

심지어
고대 중국의
도교에서도
먹으면 영생하는
열매가
등장했지.
그리고 창세기와
제일 가까운 건
아무래도...
길가메시
서사시에 나오는
'불멸의 풀'
일 것이고.7
불멸의 풀?
ㅇㅇ
대홍수에서 살아남은
우트나피쉬팀이
길가메시에게 준
식물인데...

길가메시는
목욕 중에,
뱀에게 그 식물을
빼앗겨버려.
ㅅㅅㅅㅅㅅㅡ
어? 뱀 때문에
인간이 영생을
빼앗긴다는 컨셉은...
창세기랑
비슷한 거
같은데?
빙글
빙글
빙글
빙글
빙글
...
전부
인정!
척
하지만
선악나무가
있지요!
선악나무가
뭐?

'생명나무'라는 상징과 불멸에 대한 이야기는 고대 세계에 널리 퍼져있던 게 맞지만,
2. 생명나무와 선악나무
'선과 악을 알게 하는 나무'는 고대 세계에서 오직 구약성경에만 등장합니다![8]
게다가 구약성경은 생명나무는 지나가듯 언급만 하고, 선악나무를 비중 있게 다루고 있지요.
그 말은, 이 선악나무 이야기에
창세기 저자가 제시하는 세상이 어떤 건지 담겨 있단 의미겠지요?

주

1. '난나'와 '우투'는 수메르어이며, 아카드어로는 '신'과 '샤마쉬'로 불렸다.

2. Christine Hayes, 『구약 읽기: 역사와 문헌』(문학동네 역간, 2022), 3장. EPUB 전자책.

3. Christine Hayes, 2장, 3장.

4. 같은 글.

5. 대한성서공회, 성경전서 새번역(2001), 창 2:9.

6. Christine Hayes, 3장.

7. 『고대 근동 문학 선집』(CLC 역간, 2016), 158-9.

8. Christine Hayes, 3장.

11화 · 선악나무와 원죄

그게 어떤
세상인데?
인간의 자유를
야훼가 억압하는
세상.
이것도 웃기지.
동산 한가운데에
선악나무를 둔 건
야훼 본인이야.
생명나무
선악나무
아담과 하와가
지나다니며 매일같이
볼 수 있는 곳에.
그래 놓고는
먹지 말래.
니네 이거 먹으면
죽어. 난 얘기했다?
싸아아-

열매 맛이 궁금해
미칠 것 같지 않았을까?
근데 그러던 차에...
사모님,
그건 가짜
뉴스구요.
먹는다고 절대
안 죽습니다.
그리고...
선악나무 열매 효능
읽어보셨나요? 안 먹으면
나만 손해야 이건!
효능
1. 눈이 밝아진다.
2. 선과 악을 알게 된다.
안 먹으면
나만 손해야!!
그래서 결국 야훼는
아담과 하와를 동산에서
추방했고
질질질~

영생을 가져다주던
생명나무 열매조차
못 먹게 되었으니
'인간은 필연적으로
죽게 되었다'
엔딩.
아니 애초에 선악나무가
없었으면 될 일
이잖아?
내 말이
그 말임.
재밌는 건, 뱀이
선악나무 열매의 효능을
맞게 얘기했단
거야.
펄럭
후웅
보아라, 이 사람이
우리 가운데 하나처럼,
선과 악을 알게 되었다. 이제 그가
손을 내밀어서, 생명나무의 열매까지
따서 먹고 끝없이 살게 하여서는
안 된다.[1]
봐봐.
야훼의 말인데...

인간이 선과 악을 알고, 선택할 자유를 얻은 것을 야훼가 불쾌해하고 있잖아?
그니까 이게 추방의 진짜 이유였던 거지. 인간이 '도덕적 자유'를 얻은 것.
선
악
야훼는 그 자유를 억압하고 싶었던 거고!
...
그리고 여기서 '원죄'라는 기독교의 억압적인 교리가 나왔지.

원죄가
뭐야?
아담과 하와가
선악과를 먹은 그 죄를
모든 인류가 공유
한다는 교리요.
모든 인간은
태어나면서부터
'죄인'이다... 라는.
어후... 갓 태어난
아기부터 죄인으로
만들어버리는 세상.
이게
창세기 저자가
제시하는 세상
아닌가?
2. 생명나무와
선악나무

우리 엄밀히 말합시다? 그건 기독교가 제시하는 세상이겠지요?
구약성경이랑 기독교를 또 갈라쳐?
예, 그렇습니다!
구약성경은 기독교만의 경전이 아니니까요.
유대교
구약 성경
영향
신약 성경
가톨릭 개신교
공유
영향
꾸란
이슬람교
사실 '구약성경'이라는 이름 자체도 기독교 관점에서 부르는 명칭입니다. 객관적인 이름은 아니죠.
구약
구(舊)약성경
OLD TESTAMENT
신약
신(新)약성경
NEW TESTAMENT
유대인들은 이 책을 '타나크'라고 불러왔거든요.
TANAKH

타나크?
구약성경을 크게 세 부분으로 나누고, 그 앞 글자를 딴 이름이죠.[2]
Torah
Nevi'im
Ketuvim
TANAKH
창세기부터 신명기까지 '토라'. '가르침'이란 뜻이고요.
창세기
출애굽기
레위기
민수기
신명기
Torah
이스라엘 역사서와 선지서들을 묶은 '네비임'. '선지서'란 뜻이고.
여호수아기
사사기/판관기
사무엘기
열왕기
이사야서
예레미야서
에스겔서
12소예언서
Nevi'im
나머지 다양한 글들을 묶은 '케투빔'. 그냥 '문서'란 뜻입니다.[3]
시편
잠언
욥기
아가
룻기
예레미야애가
전도서
에스더
다니엘
에스라
역대기
Ketuvim
아무튼 다시 원죄 썰로 넘어와서!

선악나무 이야기에서
'원죄'를 도출해낸 종교는
기독교밖에 없습니다.
아우구스티누스
원죄론을 내세운
대표적인 교부
유대교에서는 선악과를
먹은 것이 죄라고는
생각하지만.
죄.
하지만 그 죄가
모든 인류에게
대물림 된단 건
기독교의 헛소리!
게다가 이슬람교의
꾸란에서는 선악나무
이야기가 조금 다르게
나오죠.
용서 Plz...
ㅇㅋ 용서.
여기서는
신이 인간을
용서해줍니다.
단순 실수라는
점을 참작해서.[4]

선악나무 이야기는 이렇게 다양한 시선에서 읽히지만
땡 땡
땡 땡
전 결국 이 이야기가 질문에서 나왔다고 생각합니다.
왜 인간은 악을 행하게 되었나?
말씀드렸다시피, 구약성경은 나라가 망하고 바빌로니아로 강제 이주당한 유대인들에 의해 쓰였어요.
민족 정체성을 잃지 않으려 써가면서도, 계속 되짚어봤을 겁니다.
우린 왜 망했을까?

우리의 신이 무능력
하거나 악할 리는
없어. 그렇다면...
우리를 망하게
한 악은...
키익
이스라엘을 괴롭히고 멸망시킨
외부 세계를 악마화하는 거야
뭐 당연히 그랬겠지만,
구약성경 저자들은 이 시점부터
자기 민족
내부의 악을
주목하기
시작합니다.

주

1. 대한성서공회, 성경전서 새번역(2001), 창 3:22.

2. Christine Hayes, 『구약 읽기: 역사와 문헌』(문학동네 역간, 2022), 1장. EPUB 전자책.

3. 같은 글.

4. 최영길, 『꾸란과 성서의 예언자들』(살림, 2009), 25-26.

12화 · 이스라엘의 트라우마 극복법

예를 들면, 유대인들의 탑급 히어로 다윗 왕 조차도!
그가 생전에 행한 최악의 범죄가 구약성경에 그대로 박제됩니다.
다윗이 자신의 충직한 부하인 '우리야'의 아내 '밧세바'를 범하고1
우리야를 위험한 전쟁터로 보내서 결국 죽게 만든 일화 말입니다.2
와... 쓰레기...
으...
구약성경의 선지서들을 봐도 그런 자기 비난이 많이 나오지요.
우리의 모든 죄악이 우리를 짓눌러서... 에스겔서 33:10
이스라엘 족속도 죄를 지었기 때문에 포로로 끌려갔다... 에스겔서 39:23
...죄를 짓고 말았으므로, 이제 망하고 말았다. 호세아서 13:1

그 내용들의 골자는 이겁니다.
이스라엘이 멸망한 건 결국 이스라엘 민족 자신의 죄악 탓이라는 거죠.[3]
전형~적인 트라우마 반응이네.
구약성경
트라우마 반응?
ㅇㅇ
트라우마를 겪은 사람들은 나쁜 일이 언제 또 일어날지 모른다고 느끼기 때문에[4]

그 공포를 통제하고 싶어 해.5
그래서 나쁜 일이 외부 현실 때문에 일어난 게 아니라
자기 자신 때문에 일어났다고 믿어버려.6
나쁜 일이 자기 잘못으로 일어난 게 되면
그때부턴 자기 행동만 통제하면 되니까.7

알 수 없는 외부 현실을 두려워하는 것보단 그 편이 훨씬 견딜 만 하거든.[8]
오호...
나라의 멸망이라는 집단적 트라우마를 겪은 이스라엘 민족도 그런 거였겠지.
허억...
엉...?
보입니다!!!
빙글
빙글
퉤퉤 님 머리에도!
노, 노, 논리의 링이 달린 것이!!
구약성경
축하합니다!!
아이 싯팔!!

아, 이 역겨운 링
왜 안 떨어지는
거야!!
자, 아무튼!
퉤퉤 님 말대로,
구약성경을 집필한
유대인들은 이렇게
생각했겠죠.
팽 팽 팽
팽 팽팽
우리가 더 이상
악을 저지르지
않는다면
이 절망스런
상황에서
벗어날 수
있을 거야.
그렇다면...
무엇이
'악'이지...?

무엇이
악인가?
왜 우리는
악을 행하게
되었나?
이 질문으로
인해,
구약성경
집필자들은
다른 고대 근동 신화들이
'영생' 이야기를
할 때
'선과 악' 이야기로
초점을 옮겼던
것이죠.

...
부들
부들
잠시
작전 타임.
팍
어, 왜? 왜?
작전 타임?
저벅
저벅
오우! 오우!
브루스도
작전 타임!!
링 아파!
링 아파!

구약성경이 고대 근동 신화의 표절이라며?
이거 듣다 보니 그냥 이야기 소재를 공유한 수준이잖아? 어?
진정해. 곧 큰 거 나온다.
큰 거?
대홍수 이야기.
이건 백퍼 표절이니 기대하라고.

이현령비현령™ 니 얘기 듣다 보니
창세기 이야기들이 바빌로니아에 잡혀간 유대인들이 지어낸 얘기 인 것처럼 들리더라?
아, 그건 꼭 그렇다기 보다는!
히익!!
내가 저 샛기들 쳐바르랬잖아?
예! 저는 구약성경이 표절이라는 저들의 논리를 열심히 쳐바르고 있습니다!!
그걸론 부족해!! 이야 회 님의 이야기들은 역사다!!
사실이다! 팩트다! 이거 변증 하라고!!

그... 그건
미션
임파써블!!
그래!
불가능은
없다!
가자!
이야~~회!!
그 말이
아니고!
이야~~~ 회!!
우리는
마침내
3. 대홍수
엘리베이터로
옥상까지 이동하여
관람하세요.
세 번째
스팟
'대홍수'로
이동했다.

주

1. 삼하 11:1-5.

2. 삼하 11:14-27.

3. David M. Carr, 『거룩한 회복탄력성: 트라우마로 읽는 성경』(감은사 역간, 2022), 50.

4. Kai Erikson, "Notes on Trauma and Community," 194; David M. Carr, 50에서 재인용.

5. David M. Carr, 51.

6. 같은 글.

7. 같은 글.

8. 같은 글.

13화 · 대악마와 숙희 가족

위이잉—
덜컹
위이이이
이잉—
덜컹
이 '대홍수' 스팟에서 확실하게 승부를 보자고. 이건 빼박 표절일 뿐만 아니라
구약성경
야훼의 대학살 사례니까.
무슨 말로도 쉴드 불가능한.

1F
♫ 띵
드르르르르르르
쿵

아니... 엘리베이터에
뭐야 이게?
저 어렸을 적
가족사진이요.
아...??
이 액자가 왜
여기 있는 거지?
가운데
두 분은
어머님이랑
오빠?
네,
맞아요.

왜
두 분만...
얼굴에
먹칠이...
슥-
끄으읍!!!
아, 또야??

덜컹
덜컹
덜컹
덜컹
제발…
저 사진 좀
치워…
왜… ?
네 행동을
후회하는
건가?
난 가족에게
최선을
다하지 않은
적이 없어.
덜컹

덜컥
저 둘은...
잘라내야
마땅했어.
나 야훼의
길에서
벗어난 자들
이니까.
그치?
덜컥
덜컥

넌 가족이 아니라, 나 야훼에게 최선을 다한 거야.
제발 그만해!!
숙희야. 되마 그렇게 오래 해야 되는 거니?

아니.
푸압
아잉.
난 몰라~
저것들은 그냥
뽀뽀가 하고
싶은 거네?
선배, 또
시간 감옥에
갔던 거죠?
응...
숙희야,
혹시...
어머님이랑 오빠도...
돌아가셨어?

네...
아빠 돌아가시기
전에 사고로...
어머님과
오빠도
대악마 때문에
희생되신 거 같아.
그리고...
대악마는
야훼가 맞아.
계속 본인이
그렇게 얘기해.
우리 여기서
계속 이럴 게
아니라

이 학교의 모두가 야훼 신앙을 깨끗이 버리고
대악마와 제대로 맞서야 해!
아직 일치 하는 게 없잖아요!
구약성경의 야훼와 대악마가 하는 짓거리 사이에.
일치하는 게 드뎌 나왔네.
구약성경 TANACH
우리 이 스팟에서 결론짓자.

14화 · 창세기의 거인 네피림

방주 옆에 뭐
네피림 모형 같은
거라도 좀 세워놓지.
멋있었을 거 같은데.
네피림?
대홍수 전에
있었던
거인들인데.
키가 3,400미터
였다고 하거든!
유대 문헌 에녹서에
보면.[1]
3,400 meter
음...

그... 설정 오류
아님...?
네피림?
3,400m
백두산
2,744m
부르즈 칼리파
828m
뭐 아무튼,
창세기에 나오는
신들과 인간 사이에서
태어났다는 거인들임.
구약성경
신들??
신들!
신들이라니!!
신은 오오오직
이야 회
한 분뿐!!
그래
유일신 믿는 경전에
'신들'이 나오니 나도
좀 웃기더라.

땅 위에는 네피림이라고 하는 거인들이 있었다.
그들은 하나님의 아들들과 사람의 딸들
사이에서 태어난 자식들이었다.[2]
창세기 6:4
후웅—
하나님의 아들들
'신의 아들들'
이게 만신전의 신들을
말하는 거거든.[3]
구약성경
…
뭐해!!
설명! 변증!!
하나님의 아들들
בְּנֵי־הָאֱלֹהִים
베네 하엘로힘
일단 구약성경
다른 곳에서
이 용어가 어떻게
쓰이는지 보면…

YAHWEH
야훼의
천상 회의
구성원들
즉
'천사들'입니다.[4]
사람의
딸이여…
키가 3,400미터쯤
되는 내 아이를
낳아줄 수있겠소?
아악!! 미친
천사들이야!!
도리
도리
그리고
신약성경의 저자
몇몇도 그들을
천사로 보는 것
같구요.[5]
자기들의 통치 영역에 머물지
않고 그 거처를 떠난 천사들…
유다서 1:6
죄를 지은 천사들을…
베드로후서 2:4

그니까 이것도
다른 신화들을 베낀
티가 나잖아!
그 야훼의 천상 회의는
만신전에서 따온 거
같고
YAHWEH
신들과 인간 사이의 성적 결합은
뭐 메소포타미아나
그리스 신화에 무수히
등장하니까.[6]
하지만
부정적이죠.
팽팽팽
이 네피림
이야기를
기점으로
창세기는
인간 사회가
폭력으로 치닫는
모습을
보여주거든요.

어쩌면
창세기 저자는
'신의 아들들'을
천사가 아니라
퉤퉤 님 말대로 정말
고대 근동의 '신들'을
떠올리게 의도했을 수도
있습니다.
그렇게
함으로써!!
우가리트 왕 '케레트'나
우루크 왕 '길가메시'처럼
신적 존재로 여겨진 고대 근동의
왕들을[7]
비판한 것일 수도
있습니다.[8]
그들이 원하는 여성을
후궁으로 마구
들이던 행태를요.[9]

어… 고대에 그 정도의 윤리적 잣대가 있었어?
옛날 왕들은 많이들 그랬던 거 같은데?
구약성경에 보면 이스라엘 왕이 꼭 지켜야 할 가이드라인이 나옵니다.
이스라엘 왕 이것만 지켜요!
군마를 많이 두면 안 돼요!
후궁을 많이 두면 안 돼요!
개인 재물을 많이 모으면 안 돼요!
거기에 후궁에 대해서도 쓰여 있죠.10
그런데 그 가이드라인을 죄다 어겨버린 왕이 아이러니하게도!
야훼 성전을 지었던 그 솔로몬 왕이었습니다!
솔로몬
이스라엘 왕국 3대 왕

다윗 왕의 중범죄를
기록해버렸던
구약성경
집필자들은
솔로몬 왕의 말년의
타락 역시 얄짤없이
묘사합니다.[11]
네피림 이야기가
'왕들'의 문화를
비평한 거라는
이 해석이
맞다면
창세기 저자는
선악나무의
질문을 계속
이어가는
거죠.
무엇이
'악'인가?

빡
니가 악!!
악!!
악!
탁
탁
탁
퉁
퉁
퉁
악!
덥석
너!
그때
찌라시 돌리던
그놈 맞지?

맞지???
ㄴㅇ러아ㅓ리너
어라너ㅣㄹ????
아니...
별아?
아...
봉규야!!
총장님이
너 찾느라고
난리야!

주

1. The Book of Enoch, ch7, 2에 '3,000 ells'로 나온다. 1 ell은 1.14미터다.

2. 대한성서공회, 성경전서 새번역(2001), 창 6:4.

3. Gordon J. Wenham, 『WBC 창세기(상)』(솔로몬 역간, 2001), 291.

4. 욥 1:6, 2:1, 38:7; 시 29:1, 89:6; Gordon J. Wenham, 290-91; Victor P. Hamilton, 『NICOT 창세기 I』(부흥과개혁사 역간, 2016), 288-89.

5. Gordon J. Wenham, 291.

6. Brevard S. Childs, 『구약성경의 신화와 실재』(감은사 역간, 2023), 95-96.

7. Victor P. Hamilton, 290; 같은 글에서 인용된 D. J. A. Clines에 따르면, 우가릿 왕 케레트는 '케레트 서사시'에서 '신의 아들'로 불렸다.

8. 같은 글.

9. Victor P. Hamilton, 289-90; Gordon J. Wenham, 291.

10. 신 17:14-20.

11. 왕상 10:14-11:10.

15화 · 홍수 이야기 표절 의혹

왜 이런 데
와 있어?
스윽-
누구시죠?
아~ 나 너 알아!
이번 수석 신입생
숙희!
그리고
야훼 신앙인.
맞지?
네, 맞아요.
난 별이라고 해.
봉규랑 같은
3학년 동기.
화륵

촤악
웃!
착
휙
나 너
데리러
온 거야,
숙희야.
야훼 신앙인들 학교에서
격리 보호 중인데
왜 도망갔어?
타닥
타닥
쯔우우웁
파아
...어쭈?

대악마를 찾아야 해서요.
저희 아빠가 학생들이랑
똑같이 죽었거든요.
숙희야,
괜찮아?
대악마…ㅎㅎ
대악마가 누군지는
쟤가 알 텐데?
척
??? 대체 무슨 소릴
하시는지 모, 모, 모,
모르겠네요??
휙 휙
휙
휙
휙
야! 우리
만난 적 있잖아?
왜 이래?
???

저는 브루스 님께서 마법으로 만들어낸 존재이며!
마법이 아니라!!
아 맞다! 이야~회 님이 보내신 존재이며!!
구약성경이 표절이며 야훼가 악이라고 우기는 저들의 논리를!
척
쳐바르는 것!!
오직 그것이 저의 삶! 저의 본질입니다!!
왜애애애애애애앵
아닌데... 이상하네...

그럼 별이 넌 대악마가 누군지 아는 거야?
응!
야훼!
그걸 어떻게 알아요?
직접 봤으니까. 나도 죽을 뻔 했고.
시꺼~멓게 지글대는 머리 달고 본인을 야훼라고 하던데? ㅋㅋ
이거 봐. 맞잖아? 내가 본 대악마도 똑같았어!

대악마
본인의 주장일
뿐이라는 점도
똑같네요.
그래
그건 맞아.
거짓말일
수도 있지.
근데 숙희야.
언니두
구약성경
꽤 열심히
읽어봤는데
야훼...
대악마
그 자체
던데?
그래!
편견 없이
상식적인 눈으로
보면 이렇다니까?
구약성경

퉤퉤도
있었구나!
퍽
악!
근데 구약성경 가지고
저 초록 괴물한테
어지간히 말리고
있었나 봐? 아직도
못 끝낸 거 보면?
아니,
그런 게
아니고...
그런 게 아니라, 제가
퉤퉤 님에게 논리를 더해
드리고 있을 뿐이었지요?
빙글 빙글
부들
부들
빨리 대홍수
이야기로 들어가자!
파앗
3. 대홍수
푸드드득
야훼는 악
터벅
터벅
터벅

박물관에 벌써 잘 나와 있네?
세계 홍수 신화
홍수 신화가 구약성경만의 것이 아니란 게.
이 중에서 제일 오래된 건 수메르의 '지우수드라 이야기' 고.
지우수드라
Ziusudra
창세기의 '노아 이야기'랑 비교하기 제일 재밌는 건 아무래도...
우트나피쉬팀
Utnapishtim
노아
Noah
길가메시 서사시의 '우트나피쉬팀 이야기'지.

브루스랑 변증 요정은
듣고 울지 마라잉?
ㅋㅋ
구약성경
TANAKH
노아와 우트나피쉬팀,
둘 다 신에게 선택되면서
시작하는 이 두 이야기는
똑같은 게 너무 많아.
노아
우트나피쉬팀
신이 방주 규격과
방수 방식을 자세히
알려준다는 점.1
탑승 가능한
모든 생물들을 방주에
태웠다는 점.2
격렬한 홍수가
퍼붓는 동안 물 위를
떠돌던 방주가3
홍수가 그친 뒤엔
어떤 산의 봉우리에서
머물렀다는 점.4
아라랏 산
니시르 산

하선 가능성을 알아보려, 비둘기와 까마귀를 활용한 점.5
하선 뒤에 바쳐진 제사 음식 향을 신이 맡는다는 점까지!6
다 똑같아.
구약성경 TANACH
재 진짜 운다. 어뜨케...
이게 뭐야?? 이게 뭐냐고???
진정... 진정하시고, 저의 엄밀한 이야기를 들어보십시다.

주

1. 창 6:14-16; 길가메시 서사시, 토판 XI, 30-69행, 이하 모든 길가메시 서사시는 James B. Pritchard, 『고대 근동 문학 선집』(CLC 역간, 2016)에서 재인용.

2. 창 6:19-20, 7:2-3; 길가메시 서사시, 토판 XI, 83-85행.

3. 창 7:10-12, 17-24; 길가메시 서사시, 토판 XI, 96-130행.

4. 창 8:4; 길가메시 서사시, 토판 XI, 140-144행.

5. 창 8:7-12; 길가메시 서사시, 토판 XI, 146-154행.

6. 창 8:20-21; 길가메시 서사시, 토판 XI, 155-160행.

16화 · 표절 의혹에 대한 반박

야, 변증 요정.
솔직히 이건 인정하자.
표절 맞잖아?
인정하면 널
없애버린다!!!
……
브루스 님께서
만족하실 답을
먼저 하자면
척
어쩌면 고대 근동 지방에
정말로 충격적인
대홍수가 일어났었고
그 공통된 홍수 전승으로부터
여러 홍수 이야기들이 각각
발전한 것일 수도 있습니다.

유대교 랍비들과 기독교 신학자들이 주로 이렇게 해석하며, 같은 스탠스에 서지요.[1]
어쩔 수 없군 기독교. 이번만이다?
방해만 되지 마라 유대교.
그래! 대홍수는 역사적 사실이야!!
꽉
이야~~~ 회!!
저기요. 공통 전승에서 각각 발전한 이야기치곤...
우트나피쉬팀과 노아 두 이야기는 세부 내용까지 너~무 겹치는데?
그렇습니다. 인정하고요.

인정???
지금부턴 브루스 님 맘에 안 들 얘기를 조금만 하겠습니다!
피우-웅
창세기 저자는 바빌로니아에 강제 이주된 상황이었고
바빌로니아에서 길가메시 서사시는 잘 알려진 이야기였으니
노아 이야기는 우트나피쉬팀 이야기와 비교될 게 뻔했습니다.
그런 상황에서 창세기 저자가 노아 이야기를 이스라엘 민족만의 역사로 우기는 게 가능했을까요?
몰라~
우리 역사 맞아~
오히려 창세기 저자는 우트나피쉬팀 이야기를 일부러 가져온 거 아닐까요?

'비판적
리메이크'를
위해서요!
왱- 왱- 왱- 왱- 왱- 왱- 왱-
제대로 다시 쓰인 홍수 이야기!!
아! 재미와 교훈을
다 잡았구나!!
『正統 이스라엘식』
홍수이야기
......
구약성경 TANACH
또
이딴 식으로
전개하네!!
두 이야기는
많이 겹치기도 하지만,
차이점도 꽤
분명하거든요.
차이점이
뭔데?

신이 홍수를 일으킨 이유 말입니다.
찰싹
찰싹
우트나피쉬팀 이야기에는 그 이유가 명확히 나오지 않습니다.
응~
몰라~
우르릉
쾅쾅
물의 신 에아가 홍수를 일으킨 신 엔릴에게 한 소리 할 뿐이죠.
뭐 어쩌자고 무지성으로 홍수 일으킴?[2]
우트나피쉬팀 이야기의 기원으로 보이는 '아트라하시스 서사시'에서도 이 얘기가 나오는데요.
여기서는 엔릴이 나름의 이유를 말합니다.

일찍
일어나야지.
콩!
이 샛기들
또 층간소음!!
이젠 안 참는다!
홍수다!!!
인간계
인간들이 시끄럽게
굴어서 잠을 잘 수
없다는 이유였죠.[3]
빙글
빙글
그럼 야훼는?
무슨 이유로
그런 거야?
논리의 링
보유자 퉤퉤 님,
성경구절 좀
부탁합니다!
아악!
왜 이딴 걸
수여해가지고!

옛다.
하나님이 노아에게 이르시되
모든 혈육 있는 자의 포악함이
땅에 가득하므로 ...
내가 그들을 땅과 함께 멸하리라.4
후웅-
게 이르시되
의 포악함이
...
함
라
חָמָס
하마쓰
폭력, 불의함
여기 '포악함'이라
번역된 히브리어는
폭력이나 불의한 행동을
의미합니다.5
그러니까 야훼가
홍수를 일으킨
이유는
인간에 의한
폭력과 불의한
일들이 세계를
접수해버렸기
때문이었죠! 6

그래서 구원받는 인간에
대해서도 두 이야기는
초점이 다릅니다.
우트나피쉬팀은 신의 말에
귀 기울여서 신적 지혜를
갖춘 자로 묘사되고[7]
홍수에서 구원받은
후에는 영생을
약속받습니다.[8]
그러나 노아는
'의로운 사람'이라는 점만
두 번 강조됩니다.[9]
의롭네.
의로워.
탁
탁
잘하자?
인간의 폭력과
불의 때문에
파괴되는 세상
그러나 결국
살아남는
'의로운 사람'.

길가메시는
우트나피쉬팀이
얻었다는 그 '영생'을
찾아 헤매지만
창세기 저자는
'선과 악'을 찾아
헤매고 있고
노아 이야기에서
그 초점이 보다
선명해진 것이죠.
척
무엇이 의로운 것이고
무엇이 불의한 것인가?
초록 괴물아.
야훼 자신이
이미 의롭지
않잖아?

야훼는 홍수로 대학살을 저질렀어! 그게 이미 엄청난 '불의' 아냐?
......
털썩
야, 이 자식아! 빌드업만 오지게 하다가 한 방에 가버리냐??!!
이걸 변증할 방법은 딱 하나뿐인데... 브루스 님이 몹시 싫어할 방식 입니다...
뭔데??
이걸 듣고도 절 없애지 않겠다고 약속하십시오...

주 ⓘ

1. Robert Wexler, Ancient Near Eastern Mythology, (2001); Tremper Longman III, 『어떻게 창세기를 읽을 것인가?』(IVP 역간, 2006), 110-11.

2. 길가메시 서사시, 토판XI, 177-180행; James B. Pritchard, 『고대 근동 문학 선집』(CLC 역간, 2016)에서 재인용.

3. W. G. Lambert, A. R. Millard, *Atra-ḫasīs: The Babylonian Story of the Flood* (1969); Victor P. Hamilton, 『NICOT 창세기 I』(부흥과 개혁사 역간, 2016), 301에서 재인용.

4. 대한성서공회, 성경전서 개역개정 4판(2005), 창 6:13.

5. Christine Hayes, 『구약 읽기: 역사와 문헌』(문학동네 역간, 2022), 4장. EPUB 전자책.

6. Christine Hayes, 같은 글.

7. 주원준, 『구약의 사람들』(EBS 한국교육방송공사, 2023), 73-74.

8. 주원준, 같은 글.

9. 주원준, 같은 글; 창 6:9, 7:1.

17화 · 홍수 대학살에 대한 변론

무슨 얘길 하려고 ...?
내가 브루스 막을게. 얘기해.
그렇다면... 궁극의 변증을 시작하겠습니다.
후우우우욱
일단 노아 이야기는 역사적 사실이 아니고요.
툭
???
자책골!!
와—
이현령비현령 드디어 미쳤습니다!!
와—
와—

끄아아!!
너 사탄
들렸쒀
???
사탄
들렸냐고오!!!
흐악! 근데 같은
의미의 얘기를 제가 이미
했었습니다만??
노아 이야기는
'비판적 리메이크'
라고요!
개작 말입니다.
개작!
재미와 교훈을 함께!!
뭐, 개작?
개 같은 작품
이라고??
오~~우! 쉣!
브루스 님
어휘력!!

창세기 저자가 이걸 정말
역사 기록으로 의도하고
쓴 거라면!
팽ㅡ 팽ㅡ 팽ㅡ 팽ㅡ 팽ㅡ
이 인간은 남의 민족 신화를
가져와서 자기네 역사로
둔갑시킨 사기꾼이 됩니다!
사기꾼은 너잖아! 변증은 안 하고 헛소리하는 사탄 들린 샛기야!!!
히익!!
좌악
끕!
착
시끄러워 죽겠네.
넌 누나 옆에
좀 있어라?
읍!!

야, 초록 괴물.
니 말대로 리메이크라고 해도 문제는 안 사라져.
야훼가 대학살을 저질렀다는 게 픽션이든 사실이든 간에
창세기 저자는 그 학살이 정당하다고 생각한 거 아냐?
바로 그게 야훼 신앙이 끔찍한 지점이라고!
솔직히 난 야훼가 진짜 존재한다고 믿진 않아.
웁... 웁...

분명한 건, 구약성경의
야훼를 믿는 세계관이
이렇게 폭력적이라는
거고
대악마는
그 야훼 세계관이 탄생시킨
존재라는 거야.
뭔가... 앞뒤가
안 맞아서
혼란스럽네요.
무엇이 선이고 무엇이
악인지를 계속 물어오던
창세기 저자가 왜...
야훼의 잔혹한 행동은
정당하다는 듯
묘사한 건지...
팽-
팽-
팽-
팽-
팽-

창세기 저자가 대홍수를 정당하다고 생각했다...? Um... 전 모르겠습니다.
창세기 저자에게 대홍수는 비극 그 자체였습니다.
다들 '혼돈의 물' 기억나십니까?
창세기 1장에 나왔던 '티아마트'를 떠올리게 한 그 태초의 물 말입니다.[1]
야훼는 창조 때에 그 '혼돈의 물'을 둘로 나누어 가두었고[2]
이것은 야훼가 혼돈을 제어하여 창조 질서를 수립한 상징적 행위였습니다.

그러나 그 물들이 사라진 건
아니었죠. 말 그대로
'가둬져' 있었고
그 '혼돈의 물'이 다시
잠금 해제된 사건이
바로[3]
노아 이야기의
홍수입니다.[4]
그 잠금 해제의 원인은
'인간의 폭력과 불의'
즉...[5]
야훼에 의해
제어됐던
그 '혼돈'을
인간이 닮아가버린
탓이었죠.

그러니까 이 홍수는 창조 이전으로의 퇴행이었던 것이고6
혼돈
창조
야훼는 그래서인지 홍수 이전부터 이미 슬픔에 빠졌었죠.7
...후회하시며 마음 아파하셨다.
창세기 6:6
야훼가 홍수로 파괴할 것들은 전부 야훼 자신이 만들고 가꾸어낸 것들이었으니까요.
이건 그냥 인간의 실패이자 야훼의 실패이며
모두에게 비극이자 멸망이었던 사건입니다. 그 어디에도 긍정적 함의가 없어요.

그리고 창세기 저자는
이미 한 번 진짜 멸망을
겪어 봤죠.
자신이 몸담았던
나라와 신앙이 전부
파괴되었었으니까요.
한 세계가
멸망한다면
무엇 때문일까?
노아 이야기엔
그에 대한 창세기
저자의 결론이
담겼습니다.
인간의 도덕적 기반이
무너질 때 그 세계는
멸망한다.[8]

와~ 창세기 저자
무슨 윤리 선생님
같당~
아하...!
지금부터
창세기 저자를
윤리 선생님으로
격상시키겠
습니다!
LEVEL UP!
대윤리 선생
창세기 저자
반어법
이었어.
휙
노아 이야기
말고도,
창세기엔
비윤리적인
얘기가
너~~무 많아서
말이지!
윱!!

주

1. 창 1:2.

2. 창 1:6-7.

3. 창 7:11; Jon D. Levenson, 『하나님의 창조와 악의 잔존』(새물결플러스 역간, 2019), 59.

4. 같은 글.

5. 창 6:5, 11-13.

6. Jon D. Levenson, 59-63.

7. 대한성서공회, 성경전서 새번역(2001), 창 6:6.

8. Christine Hayes, 『구약 읽기: 역사와 문헌』(문학동네 역간, 2022), 4장. EPUB 전자책.

18화 · 창세기 최대의 문제

사실 수위만 따져도 저거 애들은 보면 안 되는 책이야!
끄덕
끄덕
창세기로만 한정해도 교육상 안 좋은 내용이 많지.
구약성경
딸들이 대를 잇겠다고 아버지를 술 취하게 해서 강간한 얘기가 나오질 않나.1
며느리가 대를 잇겠다고 매춘부로 변장해서 시아버지와 관계한 얘기가 나오질 않나.2
우욱... 듣기만 해도 역겨워.
근데 이딴 걸 쓴 창세기 저자가 뭐? 윤리? ㅋㅋㅋ
......

그 두 이야기도 따로 설명할 기회가 있겠지만, 일단은…
두 사건 모두 야훼가 시킨 일은 전혀 아니었지요.
야훼가 시킨 일도 얘기 해줘?
아브라함의 충성도를 시험 하려고 야훼가 뭘 시켰는지 알잖아?
아들을 죽여서 자신에게 바치라고 했지.[3]
예…
결국 그 얘기가 나오고야 마는군요.

창세기 저자가
선과 악을 찾는다며?
의로움을 찾는다며?
여기서 찾았네!
확실하게 불의하고
악한 신을!!
꿀렁
안 그래??
꿀렁
꿀렁
별이 선배님,
잠깐만
그대로
계세요!!
탁탁
탁
탁
탁

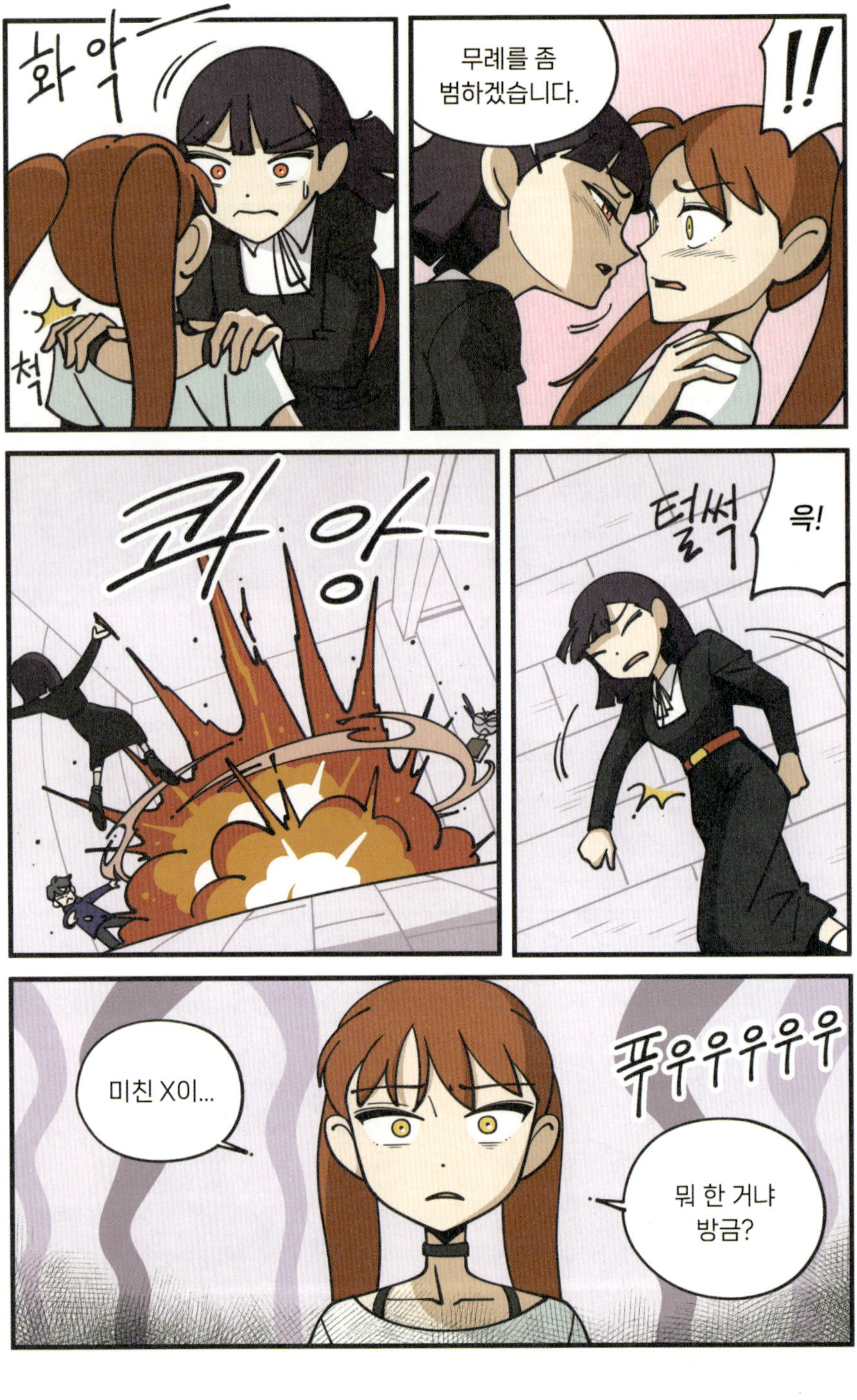
화악
척
무례를 좀
범하겠습니다.
!!
콰앙
털썩
윽!
푸우우우우우
미친 X이...
뭐 한 거냐
방금?

으... 선배 몸속에서 악귀가 느껴져서...
악귀? 아...
숙희 퇴마사였구나? 그럼...
혹시 너도 그 사이비 단체 '아이엠 후 아이엠' 출신이야?
아이엠 후 아이엠 ...? 처음 들어보는데요?

아이엠
후
아이엠...
어으... 뭔데?
그게 뭔 단체야?
음... 아냐. 말하기 싫어.
트라우마 올라온다.
절레
절레
흐으악
!!!
쩍
쩍
쩍
쩍
털썩
변증 요정
왜 저러냐?
아이!
엠! 후! 아이!
엠! 후! 아이!
엠! 후!

트라우마는 내가 아니라...
덥석
아이! 엠! 후! 아이! 엠! 후! 아이! 엠! 후!
이 초록 괴물한테 올라왔나 보네.
아이! 엠! 후! 아이! 엠! 후! 아이! 엠! 후! 아이! 엠! 후!
맞네, 너. 내가 잘못 본 게 아니었어.
아이! 엠! 후! 아이! 엠! 후! 아이!
'아이엠 후 아이엠' 전도 찌라시 돌리고 있던 그놈. 맞지?
아, 자꾸 왜 그래?? 얘는 내가 마법으로 만드아니아니!
이야~회 님이 보내셨다니까!!
아이! 엠! 후! 아이! 엠! 후! 아이!
정신 붙잡고 좀 얘기해봐! 그놈 맞지??
아이!
찰싹 찰싹
엠!
찰싹
후!
아이!
엠!

변증 요정이 저 지경 일 때 빨리 다음 스팟 가자.
다음 스팟은 뭔데?
정신 좀 차리라니까!
별이가 지적했던, 창세기 최대의 문제.
4.아브라함과 이삭
야훼는 악
세상에...

이 스팟에서만
대악마와 아버님이
엄청 싸우신 건가?
ㅋㅋ
으스스~
하네.
엄마야!
싯팔!!
구약성경
TAMCH

뭐야
이게?
얘는 이삭을
표현한 거
같고...
쟤는... 그
제2차 세계대전
홀로코스트 때의
유대인 아이 같은데?
엥?
홀로코스트랑
이삭 얘기가
뭔 상관이지?
상관...
있습니다...
스르륵
스르륵
초록 괴물
깼네?
예,
그렇습니다.
일단...
좀 전의
제 발작에
대해 해명부터
하겠습니다.

주

1. 창 19:30-38.

2. 창 38:12-26.

3. 창 22:2.

19화 · 이삭 이야기와 홀로코스트

'아이엠 후 아이엠'에서 일하던 놈 맞아, 아니야? 그것만 얘기해!
덥석
……
맞는 것… …같습니다.
이현령비현령!! 아니잖아!!
거봐~! 너 거기서 뭐 했어?
그… 제 인생의 어느 시점부터 기억이 끊겨서… 흐릿한데요…
왱왱 왱
최선을 다해 떠올려서 여러분께 해명을…!
왱 왱 왱 왱

쩍 쩍
쩍
호으으악!!
쩍
털썩
또
발작이네...?
터벅
터벅
떠올리기 싫은 기억인가 보네.
변증... 그냥 변증 하게 해주세요...
저는 변증 요정 이현령비현령™ 입니다. 저는 변증 요정 이현령비현령™ 입니다.
부들
부들
부들
저는 변증요정 이현령비현령™ 입니다. 저는 변증 요정 이현령비현령™ 입니다. 저는 변증 요정...
그래, 넌 변증 요정이야. 맞아, 맞다고!
딴 생각 말고 변증만 하면 돼. 알았어?

우린
'아브라함과 이삭'
스팟에 왔고.
넌 이삭 이야기가
홀로코스트와 상관있다고
했어.
왜인지
얘기해줘.
스르륵
스르륵
감사
합니다,
숙희님.
피우우。

제2차 세계대전 때
독일 나치당은 계획적인
대량 학살을 벌였죠.
피우웅-
유대인만 6백만 명이 죽고
슬라브족, 집시, 동성애자,
장애인, 정치범까지 학살당한
이 사건을
'홀로코스트'
라고 보통
부르지만...
유대인들은
이 사건을 다른
이름으로
부릅니다.
'쇼아'
라고 부르지요.
shoah
שואה
재앙, 파괴, 절멸

왜? 뭐 특별한 이유가 있나?
'홀로코스트'는 고대 그리스어에서 유래한 명칭인데요. 그 뜻이...
'신에게 제물을 태워 바친다' ...거든요.
ὅλος holos
+
καυστός kaustos
Holocaust
아... 그런 의미라면...
이삭 이야기가 연상되어서 그런가?

아니 그냥 당연히 거부감 들 거 같은데?
자기 민족의 비극에 '제물로 바쳐졌다' 이따위 의미를 누가 붙이고 싶겠어?
두 분 말씀 다 맞습니다. '제물' 같은 의미가 붙는 게 싫으면서도, 그와 동시에
피우우웅—
이삭 이야기가 어쩔 수 없이 떠올랐을 겁니다.
홀로코스트 이전에 있었던 비극에서도 이삭 이야기를 떠올렸었으니까요.
중세 유럽 십자군의 학살 때 말입니다.
저벅
저벅
저벅

십자군은 도시를
돌아다니며 유대인들을
기독교로 강제 개종
시키려 했고
저벅
저벅
저벅
기독교 세례를 거부하는
유대인들을 전부
학살했습니다.
병사뿐 아니라
일반 민중들까지
광기에 휩싸여
벌였던 이 학살극
속에서[1]
기독교인
폭도들에게
유린당하며
죽는 것 대신
집단 자살을
택한
유대인 공동체도
많았습니다.[2]
집단 자살??

부모가 자녀를 먼저 찌르고
서로가 서로를 찔렀죠.
그때 자기 자녀를 찌르려 칼을 든 유대인 부모는
자기 모습이 아브라함과 겹쳤을 겁니다.[3]
실제로 이 당시에 대해 쓴 유대인의 글이나 시를 보면...

이삭 이야기를 언급하며 야훼에게 항의합니다.4
"아브라함의 아들, 이삭의 아케다와 같이... 천 개의, 백 개의 제사를 바친 적이 언제 있었는가?"
"...하나님은 도살되고 있는 이들도, 화염에 던져진 이들도 구원하기 위해 서두르지 않습니다."
이삭이 죽기 직전에 아브라함을 막아 세웠던 야훼는
왜 우리를 내버려두는가?
왜 침묵하는가?
왜냐?

야훼는 불의하고 악한 신이니까.
충성도 테스트로 친아들 죽여보라? 조폭 두목들도 그딴 짓은 안 시키겠다!
동의합니다.
팽- 팽-
팽-
팽-
팽팽-
그럼에도 고대 근동에선 자주 일어났던 일이죠.
신에게 아이를 바치는 '인신 제사' 말입니다.[5]
그런데 야훼는 이런 인신 제사를 혐오하고 율법으로 금지했습니다.[6]
..?? 아니 그럼 아브라함에겐 왜 야훼 자신이 혐오하는 짓을 시킨 거야?

주 ?

1. Salo Wittmayer Baron, *Social and Religious History of the Jews, Volume 4*, (1957), Columbia University Press.

2. David M. Carr, 『거룩한 회복탄력성: 트라우마로 읽는 성경』(감은사 역간, 2022), 147.

3. David M. Carr, 149.

4. Shalom Spiegel, *The Last Trial: On the Legends and Lore of the Command to Abraham to offer Isaac as a Sacrifice: The Akedah* (1967), 20-21; David M. Carr, 148-9에서 재인용.

5. John H. Walton, Victor H. Matthews, Mark W. Chavalas, 『IVP 성경배경주석』(IVP 역간, 2010), 75.

6. 레 18:21, 20:2-3; 신 12:31.

20화 · 바벨탑 이야기가 조롱인 이유

왜겠어, 숙희야?
걍 내로남불이지.
다른 신들에겐 인신 제사 하면 안 되지만 나한텐 해라!
어, 그건 아닙니다. 야훼는 다른 신들에게 하는 인신 제사만 금한 게 아니라
야훼 자신에게 바치는 인신 제사 역시 명시적으로 금했으니까요.[1]
그래서 이삭 이야기가 더 모순적이고 이해하기 힘든 것입니다.
인신 제사를 나중엔 율법으로 금지하셨다구요?
그렇단다.

그럼
나한텐
왜
그랬냐아!!!
일단 아브라함이라는
인물 자체를 먼저
들여다봅시다.
창세기 저자는
아브라함이
'갈대아인의 우르'
에서 살던 사람
이라고 합니다.[2]
Elam
Uruk
Ur
그런데 '갈대아인'은
아브라함보다 수백 년 뒤에
등장한 민족이거든요?
아브라함
갈대아인
기원전 21-18세기
사이로 추정
기원전 10-9세기에
메소포타미아에 등장
아브람의 아내 사래를 데리고
갈대아인의 우르를 떠나 가나안
창세기 11:31[3]
그러니까 좀
시대착오적
설명인
셈인데요.
저자의
실수인거야?
아니요,
의도적인 것
같습니다.

갈대아인들은 기원전 700년경부터 바빌로니아를 지배했는데
그때부터 '갈대아인'과 '바빌로니아인'은 사실상 같은 의미가 됐거든요.
갈대아인
=
바빌로니아인
그러니까 이 설명은 아브라함이 '바빌로니아인의 우르'에 살았다는 말과 다름없습니다.4
갈대아인의 우르를 떠나 가나안 땅으
바빌로니아인의 우르
바빌로니아에 강제 이주 되어 있던 유대인 독자들은 창세기 저자의 이 설명 덕분에
아브라함과 자신들의 상황을 겹쳐 보게 됐을 겁니다.5
아브라함도 바빌로니아에서 그지 같은 타지 생활을 했네. ㅋㅋㅋ
ㄹㅇ ㅋㅋ

공감대를 자극하려 한 거구나?
예! 그런데 그 공감 지점을 더 엄밀히 말하자면!
아브라함도 자신들처럼 '거대한 외국 문화' 속에 있었다는 거였죠.
아브라함이 살았던 '우르'도 당시 세계 최대의 도시였으니까요.
경제적으로도 부유했고 사회적으로도 발달해 있었고[6]

특히 달의 신
난나를 위해 지어진
어마어마한 건축물!
'지구라트'가
있었죠.
아, 지구라트.
우르의 위대한
신전이었지.
창세기의 바벨탑
이야기가 지구라트를
보고 쓴 소설일 걸?
바벨탑
이야기?

온 세상에 언어가 하나밖에 없었을 때
사람들은 하늘까지 닿으려는 건축물을 짓고자 했는데
야훼가 갑자기 언어를 나눠버린 탓에
?
?
?
?
?
혼란 속에 건축이 망해버렸다는 이야기거든.
감사합니다 퉤퉤 님! 마침 그 이야기가 딱!
아브라함 이야기의 뒷배경이 됩니다.

창세기에서 아브라함이 처음 등장하기 직전에 나오는 이야기가 바벨탑 이야기 거든요.
창세기 11장 1-9절
창세기 11장 26-31절
이 이야기는 세상에 언어가 다양해진 이유를 나름대로 설명하는 설화이면서도...
BABYLONIA
'바빌로니아' 라는 이름의 의미를 재정의하는 이야기입니다.
그래? 원래 '바빌로니아'의 뜻이 뭔데?
일단은 '바빌론'이라는 도시 이름에서 유래한 말이고요.
바빌론
BABYLON
바빌로니아
BABYLONIA

바빌론은 '신들이 드나드는 문' 이라는 멋진 의미입니다.[7]
근데 여기에다가 창세기 저자는 거의 엿 먹으라는 듯한 의미를 붙여버리는데요.
퉤퉤 님, 성경 구절 좀...
나 성경 구절 봇이야?
주님께서 거기에서 온 세상의 말을 뒤섞으셨다고 하여, 사람들은 그곳의 이름을 바벨이라고 한다.
창세기 11:9[8]
여기서 '바벨'은 당연히 바빌론을 지칭하고요.
바벨
바빌론
여기에 '뒤섞임'이라는 의미를 붙여버렸습니다.
뒤섞으셨다
바벨
바빌론

심지어 '바벨'과
히브리어 철자가 비슷한 단어를
일부러 골라 썼죠.[9]
뒤섞으셨다
בלל
balal
바벨
בבל
babel
바빌로니아는 신들의 문이
아니라, 뒤섞인 혼돈이다?
야... 여기선 완전
노골적으로 까네?
그렇습니다!
그러면서
다시 '혼돈'을
상기시키고
있지요!
왱-
태초의 그
'혼돈의 물'처럼!
대홍수 때 인간이
저지르고 있던
'혼돈의 폭력들'처럼!
이번엔
'혼돈의 탑'인
것이지요!

창세기 저자는 자신과 아브라함이 겪은 고대 근동 문화를 그런 '혼돈'으로 보는 겁니다.
그런데 문제는... 그 혼돈의 고대 근동 문화 중에서도 최고의 악습이...
'인신 제사' 라는 것이죠.
그럼 그 인신 제사를 아브라함에게 요구한 야훼는...
적어도 그 순간은 혼돈입니다.
그럼... 창세기 저자는 지금 무슨 얘길 하려는 거야?

주

1. 신 12:31; 18:9-11.

2. 창 11:31.

3. 대한성서공회, 성경전서 개역개정 4판(2005), 창 11:31.

4. 그래서 한글 성경 『새번역』은 창 11:31의 이 부분을 '바빌로니아의 우르'라고 번역했다. 『개역개정판』은 원문 그대로 '갈대아인의 우르'라고 번역했다.

5. David M. Carr, 『거룩한 회복탄력성: 트라우마로 읽는 성경』(감은사 역간, 2022), 135.

6. 주원준, 『구약의 사람들』(EBS 한국교육방송공사, 2023), 89.

7. Archibald Henry Sayce, *Encyclopædia Britannica. Vol. III* (9th ed.), "Babel" 항목.

8. 대한성서공회, 성경전서 새번역(2001), 창 11:9.

9. Christine Hayes, 『구약 읽기: 역사와 문헌』(문학동네 역간, 2022), 5장. EPUB 전자책.

21화 · 유일신이 혼돈으로 보일 때

자, 숙희야.
이건 언니가
정리해줄게.
제 말이
아직 안
끝났...
창세기
저자는 말야.
바빌로니아에서
처절하게 경험한
거야.
혼돈을 제어하고
세상을 창조
했다던
그 야훼가
도무지
느껴지지
않는다는 걸.
하지만 인정할
수 없었겠지.

그러니 밀려드는 혼돈을 어떻게든 해석해야만 했을 거고
결국 야훼를 혼돈스런 요구까지 하는 신으로 그려버린 거지.
이게 야훼 신앙이 무서워지는 지점이야.
이 세상 모든 게 단 하나의 신에 의해 창조되고 다스려진다는 '유일신' 설정을 해버렸으니
악과 혼돈마저 야훼의 섭리로 돌릴 수밖에 없잖아?
선
악

그럼, 권력자나 다수가 '야훼의 섭리'라고 주장하기만 하면
Deus Vult![1]
그 안에서 인간이 못할 짓이 없게 되는 거지.
글쎄요... 야훼 신앙을 그렇게 이용해먹는 자들이 과거에도 있었고
지금도 있는 것 같지만...
그게 창세기 저자의 의도 같진 않아요.

오... 그럼 숙희 후배님이
생각하는 저자의 의도는
뭔데요?
이삭
이야기에서
저는...
창세기 저자의
두려움도
느껴지고,
희망도
느껴져요.
창세기 저자와 유대인들은
바빌로니아에 강제
이주되어 있었다고
했잖아요?
아마... 점점 그 땅에서
태어나는 자녀 세대를
보게 됐겠죠?
윗 세대와는 달리
'바빌로니아인'에 가깝게
자라나는 아이들을요.

그들이 혼돈으로 여기던 문화에 자녀들이 동화되는 걸 보면서
두려웠을 거 같아요.[2]
자기 세대에서 민족 정체성이 끊어지고 있다는 두려움.
낯선 땅에서 자녀들을 잃고 있다는 두려움.[3]
하지만 창세기 저자는 그 두려움에서 멈추지 않았어요.

야훼가 마지막 순간에 아브라함을 막아 세우잖아요?[4]
이 순간이 말해주는 건 결국…
창세기 저자가 혼돈과 두려움 속에서
희망을 붙잡았다는 거 아닐까요?
야훼가 혼돈과 다름없어 보일 지경인 현실을 솔직하게 담아내면서도

그 안에서
희망을 택한
이야기...
아닐까요?
어우... 숙희야.
너~무 니가 보고 싶은 대로
보는 거 같은데?
맞아요. 보고 싶은 대로
본 거 맞죠.
지금 제가...
희망이
좀 보고 싶나
봐요.
이삭 이야기에
희망이 담겨 있다...
이거 귀한 통찰이네요.

귀한 통찰이라고?
이전 내용에서 보셨듯, 창세기 저자는 '의로움'에 집착해왔습니다.
자신들이 악을 떠나 의로워지면 뭔가 상황이 나아질 거라 믿었습니다.
근데 나아지지 않았죠.
그때 이들에게 필요한 건 현실을 버틸 수 있는 '믿음'이었습니다.
그리고 믿음에는 '약속'이 필요하지요.
그래서 유독 아브라함이 등장하면서부터는 야훼가 계속해서 약속을 합니다.[5]
약속~
또 약속~
또또또 약속~

그 약속 내용이… 다 늙어서 떠돌이 생활 중인 아브라함, 사라 부부에겐 참 어이없는 것이긴 했지만요.
온 세계가 너희 땜에 복을 받을 거야![6]
너희가 아~주 큰 민족을 이룰 거거든~![7]
떡이나! 하핡핡핡!![8]
그런데 정말로 이 노부부에게 아이가 생겼고[9]
그 아이가 '이삭'이었습니다.[10]

그래서 이삭은 야훼가 약속을 지킨단 걸 보여준 상징이 된 거죠!
달리 말하면, 이삭의 죽음은 곧 약속의 죽음이었고
이삭의 생존은 곧 약속의 재확인 이었으므로
이삭 이야기는 '야훼의 약속'이라는 희망을 붙잡은 이야기가 맞는 거죠.11
어이, 변증 요정. 왜 이스마엘 얘기는 빼놓지?
아브라함이 여종을 통해 먼저 낳았던 이스마엘에겐 이삭이 희망이 아니라 재앙이었을 텐데?

주

1. *Deus Vult*는 '신이 원하신다'는 뜻의 라틴어로, 제1차 십자군 전쟁을 선포할 때 교황 우르바노 2세가 한 말이다.

2. David M. Carr, 『거룩한 회복탄력성: 트라우마로 읽는 성경』(감은사 역간, 2022), 144.

3. 같은 글.

4. 창 22:10-12.

5. 창 12:2-3, 7; 13:14-17; 15:1-6; 17:1-16.

6. 창 12:3.

7. 창 12:2.

8. 창 18:12-13.

9. 창 21:1-2.

10. 창 21:3.

11. David M. Carr, 134.

22화 · 버려진 이스마엘과 하갈

오? 이삭 전에 자식이 또 있었어?
ㅇㅇ
사실 사라는 등장할 때부터 임신을 못하는 여인으로 나왔고1
사래는 임신을 하지 못하여서, 자식이 없었다.
창세기 11:30
후웅—
월경마저 끝나서 아이 낳을 가능성이 사라진 상태였거든.2
그래서 자기 시녀인 '하갈'을 통해 아이를 낳기로 한 거야.3
그렇게 아브라함의 대를 이을 아이로 먼저 태어난 자가 '이스마엘'이었어.
하지만 결국 이 하갈, 이스마엘 모자는

사라의 몸에서
기적적으로 이삭이
태어나는 바람에
아브라함, 사라
부부에게 이용만
당하고 버려져.
버려졌다고?
아니, 왜
버려?
내가
맞춰볼까?
야훼가 버리라고
시켰다!
맞지?
어,
맞음.
구약성경
TANAKH

아이고, 이것들아. ㅋㅋㅋㅋ
계속 야훼 쉴드 쳐봐라. 까도 까도 계속 나온다야.
하갈과 이스마엘은 물 한 방울 안 나는 광야로 추방돼서...[4]
거의 죽기 일보직전까지 가.[5]
변증 요정아, 이게 이삭 이야기가 희망이 될 수 없는 또 다른 이유야.
이삭 이야기의 뒤편에는 이 죄 없는 모자의 비극이 있어.

비극 맞지요.
인정하고요.
하지만...
하하하하하하하하!
또 인정하고요~~!
짝
짝
짝
짝
짝
짝
짝
짝
나도 인정할게. 니가 이야~회 님으로부터 온 자가 아니라는 걸.
구약성경은 이야~회 님 입에서 나온 일점일획 오류 없는 말씀이며
오류 없는 역사적 사실 그 자체인데..
변증 요정이라면서 왜 자꾸 오류를 인정하지? 기준이 뭐야?
확—
이야~회 님의 선택이 기준이야.

이야~회 님이
이스마엘을 버렸어?
그럼 그게 옳은 거야!
꾹
덜덜덜
변증 요정이면
옳다고 믿어야지!
믿게 만들어야지!!
미친X이
사이비 교주
같은 소리
하고 있네.
사이비? 그 입
다물게 만들어주지.
홱
쿠구웅
쿠구구웅

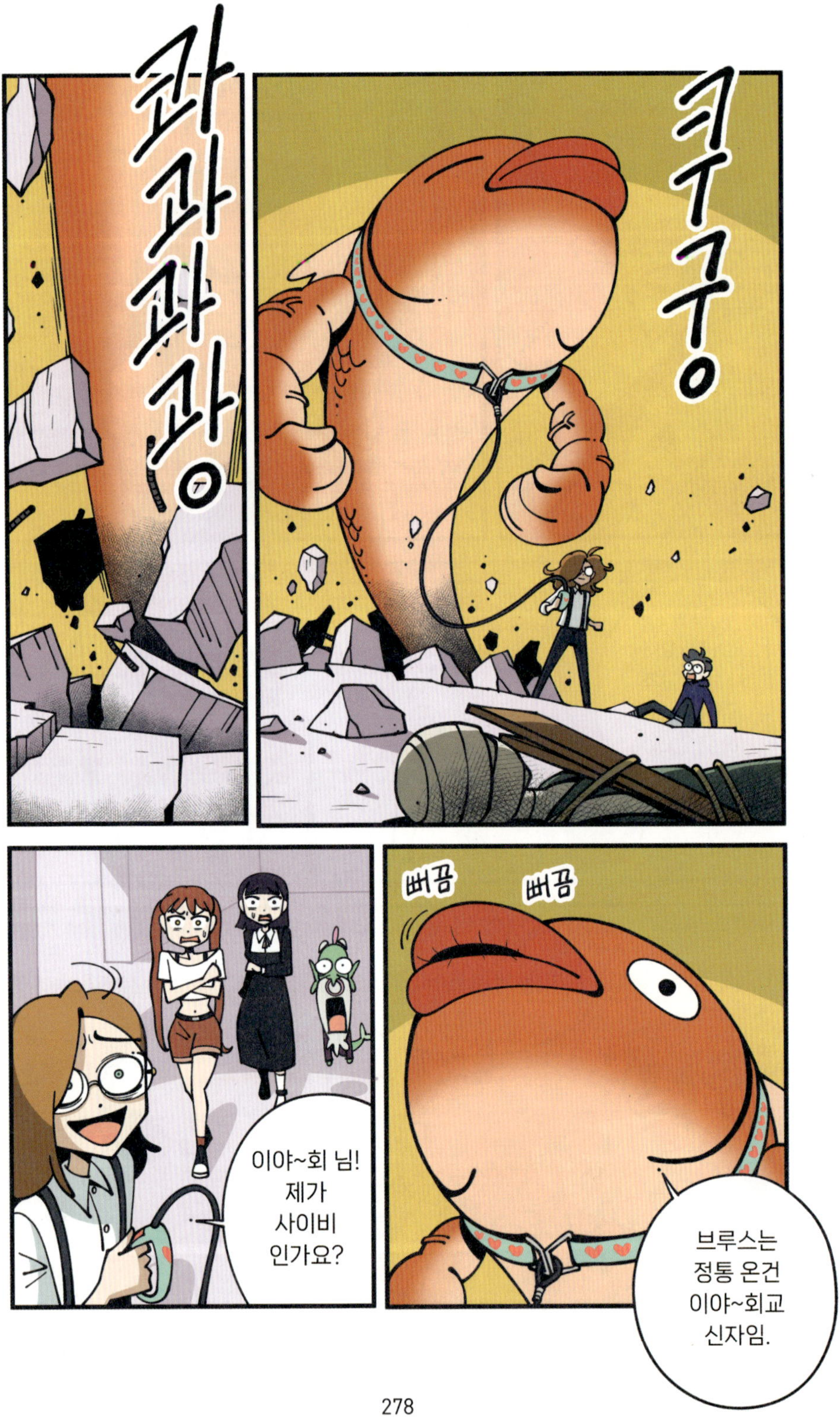
콰과과광
쿠구궁
뻐끔
뻐끔
이야~회 님!
제가
사이비
인가요?
브루스는
정통 온건
이야~회교
신자임.

들었냐.
이것들아?
구약성경의 이야~회 님이
이해가 안 가?
잔혹해 보여?
착
회
일단
이야~회 님을
믿어!
받아들여!
그럼
다 이해가
될 거야!!!

받아들여봐!!
회——
회——
악!
믿어봐!!
촥
촥
촥
아악!!
윽.. 봉규야,
저 샛기 안되겠다.
ㅇㅋ...
쾅
훅—

콰드득
우욱... 일단 나가자.
방이 생선 냄새로
가득 차버렸어...
탁
탁
탁
이현령비현령!
뭐 해??
지 주인한테
버림받고 상심
했나 보네. ㅋㅋ
팍-
히익!
탁
탁
탁
이제
내가 니 주인
해줄게.
날 도와줘.

가...
감사합니다
...
제가 다...
쳐바를 수
있습니다...!
쳐바르는 건 관심 없어.
그냥 진실이 알고 싶을
뿐이야.
야훼와
구약성경에
대한...
그리고
우리 가족에
대한...
진실.
분명 창세기 저자는
의로움과 희망을
찾고 있는 거 같지만
그가 묘사하는 야훼에
대해선 아직 갈피를
못 잡겠어.
하갈과
이스마엘은
왜 버림받은
거야?

주

1. 대한성서공회, 성경전서 새번역(2001), 창 11:30; '사래'가 원래 이름이며, '사라'는 나중에 야훼에 의해 붙여진 이름이다.

2. 창 18:11.

3. 창 16:1-2.

4. 창 21:14.

5. 창 21:15-16.

23화 · 민족의 어머니도 사정없이 까인다

엄밀히 말하면
이것도 야훼가 직접
시킨 일은 아닙니다.
하갈과 이스마엘을
쫓아내기로 결심한 건
아브라함의 아내
사라였고[1]
야훼는 그 추방을
막지 않고 허용한
거지요.[2]
결국 야훼도 공범이란
소리잖아?
어, 마침 다음
스팟이 저 배경
이네요~?
피유웅
도망이냐?
변증요정??
도망
아니고요!
하하하!

제가 좋아하는 이집트 배경이 나와서 말이지요!
갑자기 이집트는 왜?
하갈이 이집트인 노예 였거든요.3
근데 아이러니하게도, 하갈과 이스마엘을 내쫓고 이삭의 계보로 탄생한 이스라엘 민족은
ISRAEL
결국 나중에 이집트의 노예 민족이 됩니다.

이집트인을 노예로 부리다가 무정하게 내쫓은 민족이, 결국 이집트의 노예 민족으로 전락했다...
이 아이러니는 우연이 아닙니다.
팽-
팽-
팽-
팽-
팽-
팽-
팽-
하갈 이야기와 이스라엘 민족의 이집트 탈출기는 겹치는 점이 많거든요.
이스라엘의 이집트 탈출이면 모세 이야기 말하는 거야?
그렇습니다!
두 이야기가 겹치는 첫 번째 포인트는 '학대'입니다.

사라의 속이 꼬이기 시작한 건 하갈이 임신한 순간부터였는데요.
두 사람이 주인과 노예 관계에서, 동등한 관계로 변하고 있었기 때문이지요.[4]
사라는 하갈의 눈에 자신이 가벼워졌다고 표현했는데요. 쉽게 말해...[5]
כִּי הָרָתָה וָאֵקַל בְּעֵינֶיהָ
베에네하 '눈'
봐에칼 '가볍게 하다'
이제 나랑 맞먹자는 게로구나?
뭐 그런 얘기였고, 결국 사라는...
... 사래가 하갈을 학대하니 ...[6]
예... 학대를 시작했지요.

그런데 여기에 나온 '학대'라는 표현을 보면[7]
하갈을 학대하니...
עָנָה
아나
'괴롭히다', '고통을주다'
이집트에서 이스라엘 민족이 당한 학대와 같은 단어가 쓰였습니다.[8]
... 이집트 사람들은... 강제 노동으로 그들을 억압하였다.
עָנָה
아나
'괴롭히다', '고통을주다'
파라오 역시, 이스라엘 민족의 인구가 늘어나는 걸 보고 그들이 이집트인과 동등해질 것을 우려했고[9]
그것 때문에 이스라엘 민족 전체를 강제 노동으로 학대하기 시작한 것이고요.[10]
그리고 이 학대는 이스라엘 민족이 이집트에서 탈출하는 계기가 됐는데...
그런데 하갈도 사라의 학대를 피해서 임신한 몸으로 탈출 시도를 한 번 했었습니다.[11]

이것이 하갈 이야기와 이집트 탈출기가 겹치는 두 번째 포인트입니다. '탈출'이요.
여기서도 두 이야기는 사용하는 단어와 장면 묘사가 겹치죠.
같은 단어를 사용해서 탈출이 묘사됐고 12
이스라엘 백성이 도망쳤다는 소식이 ...
... 하갈이 사래 앞에서 도망하였다.
בָּרַח
바라흐 '도망가다'
양쪽 다 '수르'라는 지역으로 이동했으며 13
이집트
수르
아라비아
거기서 물을 찾아 헤맸죠. 14
이런 점들을 종합해보면...

하갈이라는 노예를 학대한 아브라함, 사라 부부의 이야기는
이스라엘 민족이 이집트에서 노예로 당할 학대의 예고편이 된 겁니다.[15]
인류 전체의 악과 폭력을 다루던 창세기 저자는
내용이 이스라엘 민족 이야기로 좁혀지자마자
1장
11장
12장
23장
지체 없이 자기 민족의 악을 다뤄버린 겁니다.

자기 민족의
어머니로 여겨지는
사라를
압제자로
묘사하면서요.
그래서?
그러거나 말거나
야훼는 결국
그 압제자 사라
편이었잖아?
야훼가 사라의
행동을 막지 않은 건
분명하지만,
구약성경에서
야훼는 늘
그런 식입니다.
야훼는 인간이
스스로 벌이는 악행을
막지 않습니다.

다만, 야훼는 나중에
'함께 사는 외국인'에 대한
율법을 제정합니다.
1. 같이 사는 외국인 억압하면 안 돼.
2. 그냥 같은 민족으로 여겨.
3. 아니 그냥 너희 몸처럼 사랑해줘.
4. 너희가 이집트에서 외국인 노예로 살았던 시절을 떠올리면서.
- 레위기 19:33,34 -
야훼는 외국인, 이웃에
대해 이런 명령을
꽤 많이 했고요.
나그네를 학대하거나 억압해서는 안 된다. 출애굽기 22:21
너희에게 몸 붙여 사는 나그네를 억압해서는 안 된다. 출애굽기 23:9
너는 너의 이웃을 네 몸처럼 사랑하여라. 레위기 19:18
외국인 나그네를 너희의 본토인처럼 여기고, 그를 너희의 몸과 같이 사랑하여라. 레위기 19:34
그래서 오랜 세월 뒤에
신약성경의 '예수'도
그 영향을 받았지요.
네 이웃을
네 몸과 같이
사랑하라.16
그거 참...
공허한
계명이네.

이 구약성경에서 출발한 종교들은 늘 서로를 죽이고 혐오해왔지 않나?
탁!
뭐... 맞습니다. 세계에서 제일 큰 갈등 중 하나이기도 하고요.
특히 유대인들은 자신들을 '이삭'의 후손으로 여기고
이슬람교 아랍인들은 자신들을 '이스마엘'의 후손으로 여기는데...17
양쪽 다 자신들이 아브라함의 적자 혈통이라 주장하기 때문에... 서로의 간극이 크지요.
하지만 제 생각에 이 종교들 간의 갈등을 풀어낼 실마리 역시!
왱 왱 왱
왱 왱
왱 왱
왱 왱
하갈과 이스마엘 이야기에 담겨 있다고 봅니다.

주

1. 창 21:10.

2. 창 21:11-13.

3. 창 16:1.

4. 창 16:4-5; Phyllis Trible, 『공포의 텍스트: 성서에 나타난 여성의 희생』(도서출판 100 역간, 2022), 40.

5. 창 16:5; 원문은 Biblia Hebraica Stuttgartensia, 단어 뜻은 Brown, Driver, & Briggs (BDB) Hebrew and English Lexicon.

7. Brown, Driver, & Briggs (BDB) Hebrew and English Lexicon.

8. Phyllis Trible, 41.

9. 출 1:9-10.

10. 출 1:11.

11. 창 16:6-14.

12. 창 16:6; 출 14:5; Phyllis Trible, 42.

13. 창 16:7; 출 15:22; Phyllis Trible, 43.

14. 같은 글.

15. Phyllis Trible, 42.

16. 막 12:31.

17. 최영길, 역, 『성 꾸란』, 845. Q 37:112절 각주해설; 김대옥, 『구약성서와 꾸란의 대화』(예영커뮤니케이션, 2017), 100에서 재인용.

24화 · 야훼에게 이름을 지어준 여인

어째서?
구약성경은 이삭만 '야훼의 약속'으로 태어났다고 기록하지 않고
이스마엘 역시 '야훼의 약속'으로 태어났다고 기록하니까요.
하갈이 임신한 몸으로 탈출하던 길에
천사가 나타나 야훼의 약속을 전달해줍니다!
너에게 셀 수 없이 많은 자손을 주겠다.[1]

이거, 아브라함이 받았던 약속과 흡사한 것 이었고요.2
아브라함이 받은 약속
... 네가 셀 수 있거든, 저 별들을 세어보아라... 너의 자손이 저 별처럼 많아질 것이다.
창세기 15:5
하갈이 받은 약속
내가 너에게 많은 자손을 주겠다. 자손이 셀 수도 없을 만큼 불어나게 하겠다.
창세기 16:10
이 약속 때문에 하갈은 꽤 독보적인 인물이 됩니다.
척
후손에 대한 약속을 직접 받은 여성은 구약성경에서 하갈이 유일 하거든요.3
게다가 '이스마엘'이라는 이름 역시 야훼가 직접 지어줍니다.4
이스마엘, '신이 들었다'는 뜻이었죠.5
יִשְׁמָעֵאל
이스마엘
'신이 들었다', '신이 들으실 것이다'

네가 사라에게 학대당하며 부르짖는 소리를 야훼께서 들으셨기 때문이다.6
하갈은 여기에 답이라도 하듯, 자신도 야훼의 이름을 지어줍니다.
'엘 로이' 7
엘 로이. '나를 바라보는 신', '돌보아주는 신'이라는 의미고요.8
אֵל רֳאִי
로이 '바라봄'
엘 '신'
이로써 하갈은 또 한 번 독보적인 인물이 됩니다.
팽팽팽
팽팽팽
구약성경에서 신의 이름을 직접 지어 부른 유일한 인간이 되었지요.9

자신이 경험한 신을 나름대로 해석하여 이름을 붙였다는 점에서
학자들은 하갈을 '최초의 신학자' 라고 보기도 합니다.
창세기 저자는 이렇게 야훼의 눈과 귀가 하갈과 이스마엘을 향해 있는 것으로 묘사했고,
하갈의 후손에 대한 약속이 아브라함에게도 고지되면서 쐐기가 박히죠.
나는 이스마엘에게도 복을 주고, 열두 영도자를 낳아 큰 나라를 이루게 할 것이다.[10]

즉 야훼의 약속은
이삭의 혈통과
이스마엘의 혈통에
함께 주어졌으므로
그 후손을 자처하는 이들은
서로 존중해야
마땅합니다.
야~ 잘도
그러겠다? ㅋㅋ
예...
물론...
유일신 종교들이
갈등을 멈추기엔, 이미
각자 너무 멀리 왔죠.
다만, 신이
어느 한쪽에만
귀 기울이고 있는 게
아니라는 것.
스윽

신의 시선이 내가 속한 종교에만 쏠려 있는 게 아니라는 것.
그게 하갈 이야기가 줄 수 있는 메시지 아닐까 싶습니다.
그렇구나…
끌렁
끌렁
터벅
터벅
근데…
끌렁
끌렁
터벅
구약성경이 그렇게 좋은 메시지로 가득 찬 책이면…

넌 '아이엠
후 아이엠'에서
왜 그랬어?
선배,
잠시만요!
우웩...
왝!
투

악귀??
이 녀석...
못 참고
나와버렸네.
얘 이름은
'달이'야.
내
개인 집사.
악귀처럼
시꺼먼데?
얘가
퉤퉤 같은
집사라고??

우리 엄마
때문에 이렇게
됐어.
쪽
어느 날부터 엄마가
이상한 종교 단체에
다니기 시작했거든.
I AM WHO I AM
제 45호
예배순서
'아이엠 후
아이엠'
이란 곳에.
그때부터 갑자기
달이를...
I AM WHO I AM
악귀라고
부르면서
쫓아내려고 했지.

니가 아직 영안이 안 열려서 안 보이는 거야.
엄마가 그 악귀의 실체를 내일 보여줄게.
I AM WHO I AM ...
그러더니... 다음날 이상한 아저씨랑 같이 들어왔어.
'아이엠 후 아이엠' 에서 온 사람이었고
그 사람이 달이를 이렇게 만들어놨어.

주

1. 창 16:10.

2. 대한성서공회, 성경전서 새번역(2001), 창 15:5, 16:10.

3. Phyllis Trible, 『공포의 텍스트: 성서에 나타난 여성의 희생』 (도서출판 100 역간, 2022), 46.

4. 창 16:11.

5. Phyllis Trible, 47.

6. 창 16:11.

7. 창 16:13.

8. Brown, Driver, & Briggs (BDB) Hebrew and English Lexicon.

9. Phyllis Trible, 65.

10. 창 17:20; 21:13.

25화 · 악마화 전통

그 나쁜 놈이...
달이를 이렇게 만들어놨어.
엄마는 결국 나까지 그 단체로 끌고 가려 했고
난 가출... 아니, 탈출했어.
엄마와 그 단체 사람들이 제일 싫어하는... 접근조차 꺼렸던...
탁탁탁
탁탁탁

번쩍
쏴—
텅텅
마법대학교로.
그때 날
받아주신
분이
콰광
총장님...
봉규 어머님
이셨지.
쏴—
근데 나 말고도
많더라고.
자기 개인 집사가
그런 식으로 당하거나
위협받은 애들이.
그래서 총장님은
개인 집사를 몸속에 넣고
다니는 법을 가르쳐
주셨지.

이렇게.
아...
그래서 엄마가 퉤퉤를 몸속에 넣고 다니게 했구나!
짝
어머님... 그동안 자꾸 봉규 몸속에 집어넣으신 거 속으로 욕했는데... 끅...
끅...
끅...
절 지키려고 그러신 거였군요!! 어머니이이 이이이임!!!!
쩌렁
쩌렁
혹시...
대악마가 '아이엠 후 아이엠'의 교주 같은 걸까?
모르겠어. 하지만 하나 분명한 건...

그들은 항상 뭔가를
악마화하고 희생시켜야만
종교심이 유지되는
자들이란 거야.
그게 야훼 신앙의
결과물이었어.
내 말
맞지?
덜덜덜
아니면... 여전히
아무것도
안 떠오르시나?
덜덜덜
덜덜덜
덜덜덜
덜덜덜
후우우우우.......

'아이엠 후 아이엠'
에서도... 변증 요정 일을
했던 기억이 납니다.
누군가가 마법으로
저의 논리력을 계속
올려주었고...
그로 인해 저는 구약성경을
저만의 시선으로 보는
눈이 생겼는데...
그때부터, 저의 논리력을
올려줬던 그 존재가 저를
때리기 시작했습니다.
제가 이해하게
된 구약성경의
메시지들이
구약성경
'아이엠 후 아이엠'의
행동들과 정반대였기
때문이죠.

흐아아아아악!!
진정해.
진정해.
토닥
토닥
흐어어어...
어떻게
정반대야?
별이 님 말씀대로 그들은
눈에 보이는 악귀를
만들고 싶어 했습니다.
공동으로 물리쳐야 하는
악마, 적이 필요했던
것이죠.
사실 인류의
오랜 전통이지요.

인간 공동체가 위기나 스트레스 상황을 손쉽게 푸는 방식이 '악마화'니까요.
그 속에는 '우리는 선하고 정상적이다' 라는 전제가 깔려 있습니다.
그런데 구약성경은 그런 전제를 종종 무너뜨리잖습니까?
척
이스라엘 민족에게 가장 존경받는 두 왕 '다윗'과 '솔로몬'의 악행들.
민족의 어머니 '사라'의 악행까지 다 기록하고 있지요.

야훼에게 사랑받고 특별하게 여겨진 이들조차 악을 저지를 수 있다면
이스라엘 민족 그 누구도 예외가 될 수 없었겠지요!
홱
누구나 악해질 수 있다.
그러므로 누구나, 인간답게 살고자 애쓸 책임이 있다.
그것이 구약성경의 '이마고 데이' 사상입니다.

이마고 데이
...?
'신의 형상'이란 뜻의
라틴어고요.
IMAGO DEI
창세기 1장에서
인간에게 붙여진
칭호입니다.
하나님이 말씀하시기를
"우리가 우리의 형상을 따라서
우리의 모양대로
사람을 만들자"... 하시고
창세기 1:26[1]
후웅-
ㅋㅋㅋ 이거
아싸 민족의
문헌 맞네.
원래 '신의 형상'은
고대 근동에서 주로
왕한테 붙이는
말이었어.[2]

고대 근동에서 왕이란, 신과 연결되어 있는 존재였으니까[3]
신의 형상
왕에게 무한한 권위를 부여하는 칭호였지.[4]
근데 이 칭호를 모든 인간에게 똑같이 부여해버렸다?
신의 형상
이거 아싸 민족의 계급 반란 이잖아? ㅋㅋ
'신의 형상'이라는 칭호가 고대 근동 왕들에게 반드시 좋지만은 않았습니다.
이 칭호는 왕을 압박하는 용도로도 쓰였거든요.
신의 형상

주

1. 대한성서공회, 성경전서 새번역(2001), 창 1:26.

2. J. Richard Middleton, 『해방의 형상』(SFC 역간, 2010), 141-44, 168.

3. 같은 글.

4. J. Richard Middleton, 151.

26화 · 우상 제작을 금한 진짜 이유

왕을 압박하는 용도?
고대 근동에서 왕은 신들과 인간 사이에 있는 존재였습니다.
신들과 인간을 연결하는 중재자 위치에 있었지요.[1]
신의 형상
그래서 왕이 '신의 형상'에 걸맞은 삶을 살고 잘 통치 한다면
나라의 모든 구성원들이 신들의 축복을 받는다고 여겨졌습니다.[2]
그걸 반대로 생각하면...

불행과 재난이
닥쳐오는 것 또한
왕이 '신의 형상'답지
못한 탓이라
여겨졌겠지요.
그래 내 책임이다
이 나라에서 일어나는
모든 일이 내 책임이다
꽃이 지고 홍수가 나고
벼락이 떨어져도
내 책임인 것이야
그러니까 '신의 형상'
이란 칭호는 왕에게 권위만
부여했던 게 아니라
사회적, 도덕적
책임감도 함께
부여했던
것이죠.[3]
왕은 신의 형상
왕은 신의 형상
왕은 신의 형상
왕은 신의 형상

그런 '신의 형상'이란 칭호를 창세기 저자가 모든 인간에게 부여 했다는 건
신의 형상
이 칭호가 가진 권위를 해체한 것이기도 하지만[4]
한 사람에게 집중되던 이 세상에 대한 책임 의식을 모두에게 부여한 것이기도 합니다.
신의 형상
글쎄... 이스라엘이 그 정도로 평등한 사상을 갖고 있었다고?
다른 나라들처럼 이스라엘도 다윗, 솔로몬 왕을 통해서 왕권을 수립했잖아? 결괏값은 별다를 게 없는데?
이스라엘의 왕권 수립은, 야훼가 원했던 결괏값이 아니었습니다.

야훼는 이스라엘 민족이 왕을 세우는 걸 반대했었거든요.
절레
절레
???
그들이 야훼 자신을 왕으로 여기길 바랐기 때문이지요.5
스윽
하지만 눈에 보이는 왕이 없다는 사실은 이스라엘 사람들을 불안하게 했고…
결국 왕권 체제를 요구하기 시작했습니다.6
제발 왕 좀 주세요!!!
야훼는 당시의 제사장이자 사사였던 사무엘을 시켜서
사무엘
이스라엘의 마지막 사사
왕권이 들어서면 이스라엘 사람들이 어떤 고통에 놓일지 경고하지만7

...씨알도
안 먹혔죠.8
왕!
제발요!!!
결국 이때 야훼는
이스라엘이 왕을 세우는 걸
허용합니다.9
왕!
제발요!!
왕!
제발요!!
왕!
제발요!!
사실 이런 패턴은
구약성경에 자주
나오지요.
야훼의 생각을
거스르는 이스라엘 민족의
행동.
부들
부들
이스라엘의 그런 행동을
비판적, 반성적 시선으로
기록하는 구약성경 저자들.
저자들의 그런 시선을
통해 드러나는 특정한
사상이나 세계관.

그것이 여기서는 모든 인간이 신의 형상이라는 '이마고 데이' 선언이었던 것이고요.
IMAGO DEI
흠... 그건 알겠는데, 내 암만 생각 해봐도 말이야...
...?
구약성경에 '악마화'가 없다는 건 좀 아닌 거 같은데?
구약성경에 자주 나오는 게 '우상숭배 금지'잖아? 그 뭐냐, 십계명에도 나오고.
너희는... 우상을 만들지 못한다.
출애굽기 20:4[10]
그게 타종교 악마화 아님?
맞네! 역사 속에서 기독교가 해온 짓거리도 그렇잖아!

타종교 신상이나 문화 기념물들을
혐오하고 파괴해온 근거가
'우상숭배 금지'였잖아?
통일기원국조단군상
음...
일단, '우상'이라는
말 뜻 자체가 '신의 형상'
입니다.
우상
'신의 형상'
야훼가 '신의 형상'
제작을 금지한 건
인간 자신이
'신의 형상'이었기
때문이죠.11
신의 형상
신의 형상
그러니 인간이 또다시
'신의 형상'을 만드는 건
직무유기였던 겁니다.
신의 형상
신의 형상
신의 형상

그러니까 구약성경이 '우상 제작'과 '왕권 체제'를 모두 부정적으로 본 이유는 사실 동일하지요.
왱왱왱~
왱왱왱~
이 세상에 대한 인간 모두의 책임을 다른 데로 전가시키지 말라는 것입니다.
신의 형상
그럼 '악마화'라는 것도... 어떤 면에선 책임 전가 행위네.
공동체의 위기나 불행에 대한 책임을 악마화한 대상에게 다 전가시키는 거니까.
기독교가 저질렀던 마녀 사냥도... 십자군의 유대인 학살도...

'아이엠 후 아이엠'이 별이 선배의 달이를 악마화한 것도...
그리고 어쩌면...
그동안 내가 해온 퇴마도...?
그래. 넌 악귀를 무찌른 게 아니야.

악마화 되어버린 무고한 존재들과 싸운거지.
숙희 너, 퇴마 누구한테 배웠어?
...아빠요.
아빠? 아...
아까 옥상에서 내려오는 엘리베이터에 사진 걸려 있었지...
왜... 낯익었을까...?

주

1. J. Richard Middleton, 『해방의 형상』(SFC 역간, 2010), 141, 149, 151.

2. J. Richard Middleton, 153.

3. J. Richard Middleton, 145-46.

4. J. Richard Middleton, 255, 270.

5. 삼상 8:7.

6. 삼상 8:5.

7. 삼상 8:9-18.

8. 삼상 8:19-20.

9. 삼상 8:22.

10. 대한성서공회, 성경전서 새번역(2001), 출 20:4.

11. Bradford A. Anderson, Paula Gooder, 『최신 오경 연구 개론』(새물결플러스 역간, 2021), 158.

27화 · 요셉 이야기 표절 의혹

왜? 어디서 본 사람이야?
그런 거 같은데... 모르겠네.
아빠는 저한테 퇴마를 왜 가르친 걸까요?
퇴마할 이유가 없는 개인 집사들을 끄집어내게 한 거잖아요?
저희 아빠가... '아이엠 후 아이엠' 사람이었을까요?

탁탁탁탁
드르르르르

야, 뭐해?
숙희 니 말
맞는 거 같다.
나 기억났어.
달이를 악마화
한 사람...
이 사람이야.
뭐??
확실해?
응.
넌...
어떻게 아빠가
'아이엠 후 아이엠'
사람인 걸 몰랐을
수가 있지?

숙희한텐
숨겼겠지!
무슨
이유로?
모르겠어요.
근데 한 가지는
알 거 같아요.
우리가
만났던
악귀들도
다 '아이엠
후 아이엠'에
희생된 집사들
이라면...
그들을 이끌고
있는 대악마는...
야훼 신앙에
원한이 있는
존재일 거예요.

말이 돼?
대악마가 자기
스스로 야훼라고
했는데?
음... 그게 야훼 신앙을
궤멸시키는 하나의
방법일 수도 있겠지요?
스윽
스스로
야훼가
되어서!
야훼 신앙의
참혹한 결과를
온 세상에
보여주는
것이요!
정말 그런 거라면
이미 우리는 답을
얻었습니다.
피우웅
답을 얻어??
대
악마여!!
이리
나오십쇼!!!

우리가
지금까지
살펴본
바!
'아이엠 후
아이엠'의
짓거리들은
야훼 신앙과
아무 관련이
없습니다!
그러니 무고한
야훼 신앙인들
그만 잡으시고!!
파렴치한
'아이엠
후 아이엠'
일당들이나
조지십
시오!
구래~알겠두아~
내가 오해했구나~
미아안~~
ㅋㅋㅋㅋ
변증 요정 니가 아주
온몸을 비틀면서
구약성경 쉴드를 열심히
치고 있지만
토닥
토닥

이제 겨우 구약성경
첫 책인 창세기 하나 좀
다뤘을 뿐이야.
창세기조차도 아직
마지막 스팟이
남았고.
터벅
5. 요셉 이야기
터벅
터벅
요셉 이야기.
여기에도 표절과
윤리 문제가 세트로
담겨 있지.
터벅
터벅
터벅
요셉 이야기도
표절이라고?

그래.
자, 일단 요셉은 이스라엘 족장 계보의 인물이고
아브라함
이삭
야곱
야곱의 11번째 아들이었는데
야곱
야곱이 요셉만 너무 편애하는 바람에 형들의 미움을 사서
형들은 야곱 몰래 요셉을 노예로 팔아버려.
딱 여기서부터, 요셉 이야기는 이집트 문학의 '두 형제 이야기'를 베껴와.

'두 형제 이야기'의 등장 인물은 형 '아누비스'와 그의 아내, 그리고 동생 '바타'고[1]
요셉 이야기에선 요셉이 노예로 일하게 된 집주인 '보디발'과 그의 아내, 그리고 요셉이 등장해.[2]
바타와 요셉은 둘 다 신의 은총을 받은 자로 묘사되고
바타는 아누비스의 아내에게, 요셉은 보디발의 아내에게 유혹을 받지.
둘 다 유혹에 철벽 방어를 하고
그러다가 둘 다 누명을 쓰게 돼.

와…
창세기에만 벌써
표절 시비가
몇 개야?
제가 그 부분에
대해 엄밀히!!!
아니아니,
내 말 끝나고
해!!
척
도리 도리
표절뿐 아니라,
요셉 이야기엔 '야훼의 편애'
문제도 담겨 있으니까.
척
'편애'는 요셉 이야기를
포함해서 이스라엘 족장
계보 내내 나타나는
문제이고…
선민의식의 뿌리가
된 문제이기도
하거든.
야훼의
편애 문제…?

주 (?)

1. 『고대 근동 문학 선집』(CLC 역간, 2016), 66-71.

2. 창 39:1-23.

28화 · 싸움을 거는 신

물론 편애를 한 주체들은 다 족장 본인들이었지.
이삭
야곱
말했듯이 야곱은 요셉만 편애했고
야곱 자신도 어머니 리브가의 편애를 받았어.
야곱은 둘째 아들이어서 형 '에서'가 맏아들 권한을 받아야 했음에도
리브가가 술수를 써서 야곱이 맏아들 권한을 얻게 만들었거든.[1]
편애받은 요셉도 결국 맏아들 권한을 얻은 것으로 나오고.
맏아들의 권리는 요셉에게 있었다.
역대상 5:2[2]

고대 근동에서 '맏아들 권한'이란 건 집안 재산을 상속받는 권한이었단 말이지.
GOLD
문제는, 야훼가 이런 '편애'들을 승인했단 거야.
이게 이스라엘 사람들에게 어떻게 받아들여졌을까?
야훼는 항상 누군가를 특~별히 더 사랑하는구나~ 싶었겠지.
그래! 이스마엘보단 이삭을! 에서보단 야곱을! 다른 형들보단 요셉을!
그리고 다른 민족들 보다는 이스라엘 민족 자신들을!
ISRAEL

그래서 유대인들의 사고에
'선민의식'이 박힌 거고.
우리는 선택받은 민족임!
그 영향을 받은
기독교인들도 그런 식의
사고를 종종 했던 거야.
신이 우리나라를 축복하셨다!
JESUS
그 뿌리가
이 구약성경 족장
계보에 담겨 있는
거라고!
구약성경
TANACH
...
...
깔짝
깔짝
이제 저...
얘기해도
됩니까?
그래!
일단 그 전에
말씀하신 표절 문제부터
얘기해보자면!

이집트 문학 영향을
받은 건 맞는 거 같습니다.
오케이!
요셉 이야기는 다
구라인 걸로 판명!!
음... 요셉 이야기가 분량이
꽤 됩니다. 그중에서 그
표절 시비 부분은 짧은 일화
정도라서...
창세기
37장
창세기
39장
창세기
50장
이걸로 전체를 다
뻥으로 매도하는 건
좀 과하고요, 그치요?
착—
다만 요셉 이야기에는 전반적으로
이집트인의 문화나 궁궐 관습
묘사가 잘 되어 있는데요.[3]
그래서 요셉 이야기를 쓴
저자는 이집트에
살아봤던 사람으로
추정됩니다.[4]

그게 맞다면, 이집트 문학에서
영향 받은 장면이 발견되는 건
되려 자연스러운 일 같고요.
이어서
이스라엘 족장 계보의
'편애' 문제 말인데요.
이 족장 계보를
좀 다른 관점에서
바라보면...
야훼는 철저히 고대 근동
'맏아들 상속제' 관행에
역행하고 있는 겁니다.[5]
맏아들
이스마엘
대신에
이삭을.
맏아들
에서 대신에
야곱을.
그리고
막내 격인
요셉을.

당대엔 너무 당연시되던 첫째 아들 권한에 딴지를 건 것이죠.
팽팽
팽팽
팽팽팽
그래서 이건 '편애' 보다는 '싸움 걸기' 같습니다.
싸움 걸기?
인간 세계가 나아가는 방향에 맞서서 야훼가 거는 싸움이요.
훅-
훅-
?????
그게 상징적으로 나타나는 장면이 야곱과 천사의 맞대결입니다.
야곱은 맏아들 권한을 빼앗겨 열 받은 형 에서를 피해서 도망자로 지내고 있었는데요.
한밤중에 천사가 나타나 밑도 끝도 없이 싸움을 겁니다.[6]
야야 나랑 한 판 뜨자.
툭 툭
어? 예?

빠가각
야곱은 천사와 밤새 싸우다가 엉덩이뼈가 부러졌고...[7]
악!!
천사는 대결을 버텨낸 야곱에게 새 이름을 지어줍니다.[8]
그 이름이 '이스라엘' 이었습니다.
ISRAEL
'이스라엘'이라는 이름 뜻이 '신이 싸우신다'거든요.[9]
יִשְׂרָאֵל
'신이 싸우신다'
그러니까 이스라엘 민족 이름 안에는 '야훼가 싸움을 건다'는 의미가 담긴 겁니다.
훅-
훅-훅-

그게 이스라엘의 시작이었구나?
그렇습니다!
그럼 그게 야훼의 가장 중요한 특성일까?
인간 세계가 맹목적으로 흘러가고 있을 때
우르르르르르르~
몸싸움을 걸며 질문을 불러일으키는 존재가 야훼일까?
그런 거라면 야훼는 아마…
선민의식을 가진 사람들부터 링 위로 끌어올릴 거 같아.
훅- 훅- 훅-

흠...
싸움을 거는
신이라니.
흥미롭네 ㅋ
너 일루 나와봐!
으억!
설득되지 마.
이 자식아!
뭔 설득이
돼! 걍
흥미롭다고
!!
흥미로워
하지도
마!!
치이이이이이이이
치이이이이이이이이

넌 이제
내 것이다.
쿠아아아아아악
쿠우우우우우우
쿠웅
숙희를
기독교 신앙에서
빼내면
나 교수 자리
주기로 한 거
잊지 마라??
아, 알았!

브...
브루스?
후
아악!
봉규
선배??
탁
탁
탁
탁
탁

이야~~회!!
쿵
쿵
쿵
이야~~ 회~~!!
이야~~ 회~~!!
안 돼...
와장창
이야~~ 회~~!!
회ㅡ..

2권으로 이어집니다.

주

1. 창 27:5-29.

2. 대한성서공회, 성경전서 새번역(2001), 대상 5:2.

3. Gordon J. Wenham, 『WBC 창세기(하)』(솔로몬 역간, 2001), 38-39.

4. 같은 글.

5. Christine Hayes, 『구약 읽기: 역사와 문헌』(문학동네 역간, 2022), 7장. EPUB 전자책.

6. 창 32:24.

7. 창 32:25.

8. 창 32:27-28.

9. Tremper Longman III, 『어떻게 창세기를 읽을 것인가?』(IVP 역간, 2006), 191.

여친 땜에 구약성경 읽는다 1

1쇄 발행 2024년 11월 25일

지은이 김민석(Rust)·김영화(김굿맨)
기획 및 연재처 이만배
펴낸이 김요한
펴낸곳 새물결플러스

편 집 왕희광 정인철 노재현 이형일 나유영 노동래
디자인 황진주 김은경
마케팅 박성민
총 무 김명화 이성순
영 상 최정호
아카데미 차상희

홈페이지 www.holywaveplus.com
이메일 hwpbooks@hwpbooks.com
출판등록 2008년 8월 21일 제2008-24호
주 소 (우) 04114 서울특별시 마포구 신촌로28가길 29
전 화 02) 2652-3161
팩 스 02) 2652-3191

ISBN 979-11-6129-292-2 07230
979-11-6129-291-5 07230(세트)

책값은 뒤표지에 있습니다.